新时代
城乡基层社会治理研究

XINSHIDAI CHENGXIANG JICENG SHEHUI ZHILI YANJIU

丁德光◎著

安徽师范大学出版社
ANHUI NORMAL UNIVERSITY PRESS
·芜湖·

图书在版编目(CIP)数据

新时代城乡基层社会治理研究 / 丁德光著.— 芜湖：安徽师范大学出版社，2022.11
ISBN 978-7-5676-5224-8

Ⅰ.①新… Ⅱ.①丁… Ⅲ.①社会管理—研究—中国 Ⅳ.①D63

中国版本图书馆CIP数据核字(2022)第000616号

新时代城乡基层社会治理研究 丁德光◎著

责任编辑：祝凤霞 管健行 责任校对：阎 娟
装帧设计：王晴晴 汤彬彬 责任印制：桑国磊
出版发行：安徽师范大学出版社
芜湖市北京东路1号安徽师范大学赭山校区
网 址：http://www.ahnupress.com/
发 行 部：0553-3883578 5910327 5910310(传真)
印 刷：苏州市古得堡数码印刷有限公司
版 次：2022年11月第1版
印 次：2022年11月第1次印刷
规 格：700 mm × 1000 mm 1/16
印 张：13.25
字 数：204千字
书 号：ISBN 978-7-5676-5224-8
定 价：58.00元

序言

“基层”不仅仅是指行政管理的层级概念，更是社会治理“场域”的概念，而推进国家治理体系和治理能力现代化重心在基层、难点在社区。加强和创新社会治理，需要每一个“社会细胞”都健康活跃、社会系统运行有序，能够满足社会成员多层次、多样化需求，化解矛盾纠纷，促进和谐稳定。

本书共分为五章，主要论述了城乡基层治理现代化的演进历程、变革动力与机制创新、城乡基层社会治理风险防控体系建设、城乡基层社会治理中的党建引领、社会组织建设、协商民主发展、公共空间功能品质提升、城市困难群体帮扶、社区居家养老服务体系建设、社区文化建设、社会情感治理、社区干部能力素质建设、社区集体资产管理、特色旅游城镇建设、巩固拓展脱贫攻坚成果同乡村振兴有效衔接，以及未来社会治理的展望等内容，较为系统地研究了城乡基层社会治理的主要领域，较为全面地展现了在中国共产党的领导下，推进城乡基层社会治理制度创新、激励群众参与、整合社会力量取得的成就。

本书既有理论问题的探究，也有实践问题的思考。在理论上，重点阐释了在社会治理现代化背景下基层社会治理的动力机制、社会情绪的生成机制、重点群体的帮扶机制等；在案例分析上，坚持现实治理与虚拟治理相结合、点与面相呼应、特殊性与普遍性相统一的原则，就基层社会治理中的社会情绪引导、城乡融合发展等问题进行了剖析，提出了一些有价值的建议，为解决这类问题提供了一些思路。

由于作者理论水平有限，对相关问题的研究还有待进一步深入，敬请读者批评指正。

丁德光

2021 年 8 月 6 日

目　录

第一章　新时代城乡基层社会治理的制度机制创新

进入新时代，城乡基层社会治理的变迁主要体现在制度机制的创新上。从宏观层面来看，基层社会治理的变革是国家治理体系变迁在基层的集中体现，在国家治理与基层治理的相互渗透、支撑、融合的过程中，国家治理体系的制度创新为基层社会治理制度机制创新指明了方向，提供了重要的法理遵循。从中观层面来看，基层社会治理主要目的在于搭建理论与实践的桥梁，提升理论的指导性和适应性。根据这一思路，理解其历史沿革、变革动力等问题显得尤为重要。从微观层面来看，社会运行包含社会秩序、社会冲突、社会风险等不同状态，因此，在基层社会治理中，要兼顾常态与非常态、均衡与非均衡的社会治理策略，构建基层社会治理的风险防控体系。

本章分别论述了城乡基层社会治理发展与演进历程、变革动力和机制创新、风险防控体系建设，是对城乡基层社会治理的总体把握。

第一节　城乡基层社会治理发展与演进历程

20世纪80年代以来，伴随着社会主要矛盾的变化，中国社会发生了巨大的变迁。从“管理”到“治理”，中国社会的城乡基层社会治理方式也从探索阶段向更加全面有序协同的共建共治共享的社会治理格局迈进，党委、政府、社会、居民在社会治理“场域”中的角色定位变得更加明确，关系也变得更加和谐，法治化、制度化的治理理念深入人心，治理效能也得到了大幅度提升。特别地，在治理体系构建中，将国家安全工作纳入城乡基层社会治理体系建设之中，把基层社会安全治理作为防范和抵御各种社会风险和危害社会安全活动的重要手段。进入新时代，城乡基层社会治理不仅要实现保障和改善民生，使社会物质分配更加公平，人民获得更加丰裕的物质生活，更重要的是通过社会治理方式和手段的变革提升社会成员参与社会治理的意识和水平，并通过教育引导化解社会矛盾，提高人民群众对社会发展的认同感。

一、改革开放以来城乡基层社会治理的发展阶段

改革开放以来，社会利益格局和社会结构的深刻变化引发了社会运行方式的变革，这种变化更多地体现在社会治理的价值理念、参与主体和手段方式等方面。自1978年至今，我国的城乡基层社会治理经历了三个阶段：

（一）初步探索阶段（1978—2002）

党的十一届三中全会的召开，标志着“国家—社会”的关系进入一个全新的调整时期。随着国家工作重心转移到经济建设上来，社会领域的改革也随之跟进。为了解决短缺经济带来的人民群众收入不高、需求不能满足的问题，邓小平同志提出的“三个有利于”“发展才是硬道理”和实现共同富裕成为社会治理指导思想，并指出“社会主义如果老是穷的，它就站不住”[①]。社会主义是要解放和发展生产力，贫穷不是社会主义，社会主义要消灭贫穷，为社会的稳定发展打下扎实的基础。在社会秩序上，要重点解决过去社会治理思路的错误，把社会主义民主和社会主义法制作为社会安定团结的必要保障，坚持一手抓民主建设，一手抓法制建设，做到“必须使民主制度化、法律化，使这种制度和法律不因领导人的改变而改

①《邓小平文选》第二卷，北京：人民出版社，1994年版，第191页。

变，不因领导人的看法和注意力的改变而改变”[①]。避免通过政治运动等方式随意地选择“运动式”的治理手段，减少因个人喜好而带来的社会决策随意化，并善于运用制度和法律的思维解决人民内部矛盾和各种违法犯罪的问题。

在资源分配上，党的十三大报告提出，要为基层放权，解决“领导机关管了许多不该管、管不好、管不了的事，陷于事务主义而不能自拔；基层缺乏自主权，人民群众的积极性难以充分调动”[②]等问题，权力的下放意味着基层支配社会资源能力的提升，为激活基层管理生态奠定了基础。在社会互动上，党的十三大报告指出，“正确处理和协调各种不同的社会利益和矛盾是社会主义条件下的一个重大课题”，要坚持“从群众中来、到群众中去”的群众工作路线，加强社会主义法制建设，形成科学有效的社会协商对话制度，确定协商的单位、团体等协商主体的地位，要求各级党组织要在协商中发挥带头作用。“群众团体也要改革组织制度，转变活动方式，积极参与社会协商对话、民主管理和民主监督”[③]。克服封建官僚化、家长式行政化的倾向，不断推进党政机关工作的开放度，推动“上情下达、下情上达”，使社会运行处在一个更加开放有序的状态。

在处理经济社会均衡发展的关系上，党的十四大报告提出，建设社会主义市场经济体制的工作总目标，配合经济领域的改革，在行政效能改革上提出“下决心进行行政管理体制和机构改革，切实做到转变职能、理顺关系、精兵简政、提高效率”，提升党政机关服务群众的水平。中国社会进入快速转型期，社会管理方式必须进行快速的变革。这时处理好“改革、发展、稳定”的关系成为社会管理的首要任务，成为“我国现代化建设棋盘上紧密关联的战略性棋子”[④]。基层社会要在改革的效率、发展的速率以及群众的接受能力之间寻找到平衡点。改革中要注重群众生活水平

①《邓小平文选》第二卷，北京：人民出版社，1994年版，第146页。

②《十三大以来重要文献选编》上，北京：人民出版社，1991年版，第38页。

③《十三大以来重要文献选编》上，北京：人民出版社，1991年版，第45页。

④《江泽民论有中国特色社会主义（专题摘编）》，北京：中央文献出版社，2002年版，第211页。

的提升，重点“解决关系人民群众疾苦的各种实际问题”[①]，通过改革不断提升人民群众的福祉，体现社会主义的优越性。在改革中要正确看待改革中涌现的一系列社会矛盾，在把握矛盾的性质和根源的基础上综合运用经济、行政和法律等手段处理人民内部的矛盾。

党的十五大报告指出，在社会主义初级阶段，要正确处理改革、发展同稳定的关系，为经济发展提供稳定的社会环境，并把坚持“法治与德治”相结合，推进“依法治国”确立为治国理政的基本方略，“法治以其权威性和强制手段规范社会成员的行为”[②]，而“德治以其说服力和劝导力提高社会成员的思想认识和道德觉悟”[③]。在社会管理中，通过不断加强社会治安的综合治理，建立和谐稳定的党群、干群关系；通过提高城乡居民的收入水平，拓宽消费领域，使群众的物质文化生活更加丰富；通过积极发挥群团组织在国家和社会事务中的民主参与和民主监督作用，不断拓宽社会管理的参与主体，使群团组织成为党联系群众的桥梁和纽带，提升基层社会管理水平。

（二）快速发展阶段（2002—2012）

党的十六大报告提出：“健全基层自治组织和民主管理制度，完善公开办事制度，保证人民群众依法直接行使民主权利，管理基层公共事务和公益事业，对干部实行民主监督。”[④]在这一时期，改革使得“一切劳动、知识、技术、管理和资本的活力竞相迸发”，“一切创造社会财富的源泉充分涌流”[⑤]，社会发展不断提速，村民自治和居民自治的机制不断完善。为防止决策的随意性，决策的论证制和责任制得到不断完善，基层重大事项社会公示制度、听证会制度、专家咨询制度相继建立。党的十七大报告指出，要统筹城乡发展，推进社会主义新农村建设，走中国特色农业现代

①《江泽民文选》第二卷，北京：人民出版社，2006年版，第571页。

②《江泽民论有中国特色社会主义（专题摘编）》，北京：中央文献出版社，2002年版，第336页。

③《江泽民文选》第三卷，北京：人民出版社，2006年版，第91页。

④《改革开放三十年重要文献选编》下，北京：中央文献出版社，2008年版，第1257页。

⑤《十六大以来重要文献选编》上，北京：中央文献出版社，2005年版，第638页。

化发展道路，发展农民专业合作组织，培育有文化、懂技术、会经营的新型农民。深化乡镇机构改革，加强基层政权建设，完善政务公开、村务公开等制度。在改革发展中，社会建设的地位和作用被凸显，被纳入“四位一体”的中国特色社会主义总体布局。通过健全“党委领导、政府负责、社会协同、公众参与的社会管理格局”①，贯彻“社会管理，说到底是对人的管理和服务”的理念，鼓励群团组织、社会组织和企事业单位等社会力量参与社会管理，推进社区居民自治和基层民主，培养居民、群众自我管理、自我服务、自我发展的意识，不断践行“在服务中实施管理，在管理中体现服务”的治理理念，创新基层社会管理体制，使社会活力得到激发，社会和谐因素不断增加。

（三）全面深化改革创新阶段（2012年至今）

党的十八大以来，我国社会治理的发展进入一个快速的改革创新阶段。党的十八届三中全会，党的十九大，党的十九届四中、五中全会均对城乡社会治理现代化进行了系统的战略部署，为基层社会治理的发展指明了方向。“治理和管理一字之差，体现的是系统治理、依法治理、源头治理、综合施策。”②在转变政府职能上，从政府的机构设置、职能配置、工作流程等方面完善决策、执行、监督制约与协调相互均衡的行政运行机制，为社会治理在工作机制上创新奠定了基础。在城乡基层社会治理上，坚持构建以工促农、以城带乡、工农互惠、城乡一体的新型工农城乡关系，推动农业转移人口市民化，因地制宜，创新机制，不断推进城乡要素平等交换，完善收入分配体系，扩大中等收入群体，加强政策倾斜，推动城乡公共资源均衡配置，加快构建新型农业经营体系，鼓励通过发展家庭农场、土地流转、兴办企业等方式发展规模经营，发展集体经济，为振兴乡村提供坚强的物质保障。在基层自治上，加快推进政社分开，不断健全基层选举、议事、公开、述职、问责等机制，创新协商方式，以网格化管

①《改革开放三十年重要文献选编》下，北京：中央文献出版社，2008年版，第1652页。

②《习近平关于全面建成小康社会论述摘编》，北京：中央文献出版社，2016年版，第142页。

理、社会化服务为方向，完善社会治理综合服务管理平台，健全居民、村民监督基层事务的机制，实现了居民在城乡社区治理、公益事业中依法自我管理、自我服务、自我教育、自我监督。在基层法治建设上，不断健全社区矫正制度、社区救助制度，依法维护居民的合法权益。在处理社会矛盾上，厘清了社会稳定、社会治理与巩固基层政权之间的关系，通过加强社会参与、化解矛盾等领域的制度建设，处理好“维稳”与“维权”的辩证关系，使社会矛盾在可控的范围内得到有效的解决，减少了社会稳定的维护成本，有效地处理了社会稳定和社会秩序的关系。

二、中国特色社会主义城乡基层社会治理的实践逻辑

从历史和现实的维度来讲，城乡基层社会治理的变化反映了中国社会最深层次的变革。这种变革始终是围绕以人民为中心的社会治理理念展开的，通过制度机制建设，全过程、全方位、多层次满足人民群众的利益诉求，主要体现在以下四个方面：

（一）维护人民群众根本利益是新时代加强和创新城乡基层社会治理的根本目的

在利益问题上，中国共产党坚持把实现和维护人民群众的根本利益作为一切工作的出发点。马克思指出，人们奋斗所争取的一切，都同他们的利益有关[①]，“思想”一旦离开“利益”，就一定会使自己出丑[②]。习近平总书记在十九大报告中指出，全党必须牢记，为什么人的问题，是检验一个政党、一个政权性质的试金石，必须让改革发展成果更多更公平惠及全体人民。带领人民创造美好生活，是中国共产党始终不渝的奋斗目标。新时代的社会治理秉承“以人民为中心”的治理理念，要把维护最广大人民群众的根本利益作为一切治理活动的出发点和落脚点。因此，利益问题是最

①《马克思恩格斯全集》第一卷，北京：人民出版社，1956年版，第82页。

②《马克思恩格斯全集》第二卷，北京：人民出版社，1957年版，第103页。

基础的问题。那么，我们这里谈到的利益是不是就是我们日常所理解的物质利益？答案是否定的。随着中国社会的发展，社会阶层的分化，我国社会主要矛盾已经转化为人民日益增长的美好生活需要和不平衡不充分的发展之间的矛盾。人民利益诉求逐渐多样化，这种多样化的利益诉求应至少包括生存好、发展有机会、活得有质量、活得有尊严四个方面。人民要求生存好，中国共产党实施了精准扶贫，并且承诺了扶贫路上一个都不能少，一个都不能掉队，建立了全民覆盖的社会保障和社会福利制度，为老百姓拥有幸福的生活打下坚实的基础。人民要求发展有机会，中国共产党采取了各种措施，提升就业率，提升就业质量，鼓励就业、再就业和自主创业，并提出“就业是最大的民生”。人民要求活得有质量，希望有干净的水喝，呼吸优质的空气，有更多的闲暇时间，有健康的体魄，党和政府开展了卓有成效的环境治理，并有序推进健康中国建设。人民还要求活得有尊严，一段时间以来，人民对美好生活、幸福生活的向往，集中反映在摆脱物质的匮乏上。现在，人民对民主、法治、公平、正义、安全、环境的需求，指向的则是获得尊严①，希望能够在社会参与中体现自身的价值。面对人民利益需求的多样化，习近平总书记在十九大报告中指出，中国共产党人的初心和使命，就是为中国人民谋幸福，为中华民族谋复兴，永远把人民对美好生活的向往作为奋斗目标，依靠人民创造历史伟业。一切治理活动，都要尊重人民主体地位，尊重人民首创精神，拜人民为师。坚持以人为本，就是要始终把人民利益摆在至高无上的地位，始终把实现好、维护好、发展好最广大人民群众的根本利益作为党和国家一切工作的根本出发点和落脚点。而如何满足利益诉求，党的十九大报告指出，发展是解决中国一切问题的基础和关键。因此，新时代加强和创新社会治理必须有高质量的发展作为重要的压舱石。

①《从社会主要矛盾转化看新时代中国改革发展》，人民日报，2018-03-19。

（二）高质量的发展是新时代加强和创新城乡基层社会治理的重要基石

在社会治理中，高质量发展更多的是强调共享式发展，要通过完善相关制度和政策，合理调节城乡、区域、不同群体间分配关系，积极发挥社会救助、社会捐赠、小微慈善、志愿服务等第三次分配的作用，大力发展慈善事业。要强化劳动在社会财富分配中的重要作用，引导群众通过勤劳致富改善生活，保护群众的合法所得，为低收入者创造就业等获得收入的机会，培育更大的中等收入群体，对非法收入要坚决取缔，对兼职收入、过高收入、隐性收入要进行调节和规范。在以上举措的基础上，达到缩小城乡差异、收入差异的目的，推动更多的资源、服务“下沉”到社区，为社区居民提供更多精准化、精细化服务，使发展成果更多更公平惠及全体人民，不断提升人民群众的获得感、幸福感、安全感。而在实践中，要保证发展成果能够为全民所享，就必须坚持正确的政绩观，要解决好“政绩为谁而树”“树什么样的政绩”“靠什么树政绩”这三个问题，要关注民生问题，善于“做事”而非“做秀”，用自己的行动不断满足群众最迫切的需求、最深切的期盼，把人民生活的改善情况作为衡量工作的标准。

（三）制度建设是新时代加强和创新城乡基层社会治理的坚强保障

在社会治理中，要保证发展成果为全民所享、不出偏差，最关键是要加强制度建设。要完善党委领导、政府负责、民主协商、社会协同、公众参与、法治保障、科技支撑的社会治理体系，提高社会治理社会化、法治化、智能化、专业化水平。要坚持问题导向，把专项治理与系统治理、综合治理、源头治理结合起来，形成人人有责、人人尽责的社会治理共同体。要善于用法治、民主、协商的办法鼓励群众积极参与社会事务，通过协商正确处理人民内部矛盾和社会矛盾，动员全社会的力量做好维护社会稳定的工作。要加强社会治理体系建设，实现党委领导、政府治理和社会自我调节、居民自治、协商共治的良性互动。制度建设要遵循三个原则，即制度要管用、制度要管权、制度要创新，通过强有力的制度保障使社会治理有章可循。

（四）中国特色社会主义文化是新时代加强和创新城乡基层社会治理的深厚支撑

城乡基层社会治理要坚持物质与精神并重，要通过健全社会心理服务机制和疏导机制、危机干预机制，塑造自尊自信、理性平和、亲善友爱的社会心态；要增强社会主义核心价值观的凝聚力和引领力，注重家庭、家教、家风，以党风政风的转变带动社风民风的转变；要倡导“幸福源自奋斗”“成功在于奉献”“平凡孕育伟大”的理念，弘扬改革开放精神、劳动精神、劳模精神、工匠精神、优秀企业家精神、科学家精神，通过社会主流价值观的倡导，达到整合社会力量、凝聚社会成员、推进社会治理的目的。

纵观改革开放以来的社会治理发展过程，“变”的是社会治理的内容、方式，“不变”的是社会治理的价值取向，在“变”与“不变”之间，充分体现了中国共产党坚持“以人民为中心”来促进社会治理现代化的决心。因此，在当前社会主要矛盾发生变化的大背景下，探索满足城乡居民多样化需求的方式，对提升城乡基层治理效能具有十分重要的理论和现实意义。

第二节　城乡基层社会治理的变革动力和机制创新

从管理到治理，城乡基层社会治理的变革是应对当代中国社会主要矛盾和社会结构深刻变化、利益结构深刻调整问题的产物，是抵御各种社会风险的战略调整，是提升社会安全、推动经济社会发展的必然要求。

一、城乡基层社会治理的变革动力

在社会运行中，我们可以通过社会主要矛盾变化、社会结构变迁、治理手段革新等方面研究城乡基层社会治理变革。

（一）从社会主要矛盾变化看城乡基层社会治理变革

新中国成立以来，我国社会主要矛盾先后发生了四次变化。1956年，党的八大报告指出："我们国内的主要矛盾，已经是人民对于建立先进的工业国的要求同落后的农业国的现实之间的矛盾，已经是人民对于经济文化迅速发展的需要同当前经济文化不能满足人民需要的状况之间的矛盾。"1962年，党的八届十中全会，错误地将社会主要矛盾描述为"在由资本主义过渡到共产主义的整个历史时期，存在着无产阶级和资产阶级之间的阶级斗争"。1981年，党的十一届六中全会提出，我国社会主要矛盾是"人民日益增长的物质文化需要同落后的社会生产之间的矛盾"。2017年，党的十九大报告指出："我国社会主要矛盾已经转化为人民日益增长的美好生活需要和不平衡不充分的发展之间的矛盾。"这标志着中国特色社会主义进入新时代，中国特色社会主义的社会治理也进入新时代。

从"物质文化需要"到"美好生活需要"，从"落后的社会生产"到"不平衡不充分的发展"，人民需要从"窄"到"宽"的转变，需要的内涵发生了质的转变[①]；从"落后的社会生产"到"不平衡不充分的发展"聚焦的都是发展，但发展的内涵却有天壤之别，这是社会发展从"低"到"高"、由"量"到"质"的转变[②]。

矛盾的变化必然推动旧的社会关系变革和社会结构变迁，同样意味着人民的需求项目更加多元化、具体化，要求的质量更高、更新的速率更

① 霍小光等：《再启历史新局的时代担当：从社会主要矛盾转化看新时代中国改革发展》，http://www.xinhuanet.com/politics/2018lh/2018-03/18/c_1122554822.htm。

② 李新：《深刻把握我国社会主要矛盾的新变化》，四川日报，2018-04-11。

快，这就促使基层通过变革现有的社会治理方式开启社会治理的新征程。

推进新时代的社会治理变革必须加强党的领导。这里必须要厘清的是，社会主要矛盾变化带来的社会治理主体的多元化，并不是要在社会治理变革中削弱或减少党的领导，而是与之相反，要在实践中充分发挥党的政治优势，“坚持党的领导、人民当家作主、依法治国有机统一”①。加强党建引领，做到“党的工作进展到哪里，党的组织就覆盖到哪里”②，通过提高基层党组织的覆盖率，提升基层党组织的组织力和凝聚力。要在城乡基层社会治理中充分发挥党的组织优势，协调各方利益，正确把握“党除了工人阶级和最广大人民群众的利益，没有自己特殊的利益”③的科学蕴意和时代内涵，把党组织代表人民利益、代表群众利益的价值立场站稳，在城乡基层社会治理中推动更多的惠民举措，使普通群众真正获益。要发挥基层党组织整合资源的优势，将政府、社会、社会组织中的更多资源投入社区，使基层社区能掌握更多的资源为群众服务。

（二）从社会结构变迁看城乡基层社会治理变革

基层社会结构可以看作基层社会治理各要素之间稳定又相互独立的关系，从内容上可以划分为基层社会群体结构、基层组织结构、基层社区结构、基层制度结构、价值观和意识形态结构等几个子结构。这些子结构的变化共同推动城乡基层社会治理的变革。

从基层社会群体结构上来讲，改革开放前，我国社会主要群体就是工人、农民、知识分子和党政干部四大类别。随着改革开放的深入，特别是户籍制度、高考制度、就业制度等涉及社会流动、群众发展的制度变革，大量的农民向城市流动。这种人员的流动带来了生产结构的变化，催生了专门化、专业化的就业门类。而反观社会发展需求，城市化进程加快，社会需求多元化，需要更多人从事建筑、服务业等行业，农民向城市流动就

①《习近平关于全面依法治国论述摘编》，北京：中央文献出版社，2015年版，第27页。

②《十九大以来重要文献选编》上，北京：中央文献出版社，2019年版，第259页。

③《十二大以来重要文献选编》上，北京：人民出版社，1986年版，第67页。

变成了必然趋势。这种人员流动不是无目的的，农民向城市流动是为了改变生计和自身所处的状态，城市向农民提供就业岗位，是城市建设和城市发展的需要，目的是把城市建设得更美丽、更繁荣。一些原来没有的岗位逐渐发展起来，比如外卖员、家政服务人员等；一些就业岗位需求空前扩大，比如建筑工人。从群体结构上来讲，上述几类群体已经不是传统意义上的“农民”，学术界将这类群体统一称为“新市民”。社会阶层的多样化必然导致社会需求的多样化，与改革开放以前相比，新时代社会阶层对教育、医疗、社会保障等公共服务的需求水平更高，要求的服务内容更丰富，政策措施更精准，这就必须通过改变城乡基层社会治理结构，提升基层治理水平，以满足人民群众多样化的公共服务需求。

从基层组织结构上来讲，改革开放以前，社会运行的效率较低，群众的需求不高，政府可以通过掌控的资源去管理社会，这时的社会组织发展较为缓慢，在当时的社会运行中所起的作用较为有限。改革开放之后，由于城市化进程的加快、经济社会发展水平的提升、服务对象的扩大化和社会需求的多样化，社会事务变得复杂化，这时就必须在政府和市场之外，有一种力量进行补充，这种现实需求推动了我国社会组织的快速发展。改革开放以来，我国从健全社会组织体系的角度出发，加强了社会组织发展的相关立法，出台了《中华人民共和国民法典》《社会团体登记管理条例》《志愿服务条例》等相关法律法规，社会组织发展走上了规范化的道路。同时，不断加强社会组织的党建工作，在社会组织中成立党支部，充分发挥党对社会组织的政治引领、行为规范和服务功能。2017年，我国社会组织总数突破80万个关口。

从社区结构上来讲，无论是传统意义上的农村社区还是城市社区，都是一种以血缘、业缘为基础的“圈层结构”和“产业链结构”的社区形态，前者多出现在农村社区，后者多存在于城市社区。伴随着城乡之间居民的互动增加，社会的流动性增强，社会的异质性增加，农村社区出现了人口“空心化”的现象，城市社区的常住人口与务工、上学的流动人口居住在一起形成了一些“超大型”社区，而这些社区的管理服务人员并没有明显的增加。一方面是人员增加带来的服务需求的增加，另一方面是人员不足不能很好地提供社会服务，这就必须对基层社区治理进行变革：要通过建立群团服务中心，改善社区的办公基础设施；要建立居家养老阵地，改善社区的养老环境；要加强社区工作者队伍建设，选好社区党组织带头人；要完善多元治理模式，提升社区参与水平。

从制度结构上来讲，“加强和创新社会治理，关键在体制创新”[①]。从社会管理制度到社会治理制度，社会治理中的相关制度建设要求更加完善，制度的实施要求更加精准，既要注重程序合规，又要达到预期效果。制度建设的完善对治理提出了更明确具体的要求，要通过制度建设“打造共建共治共享的社会治理格局”，“提高社会治理社会化、法治化、智能化、专业化水平”。要强化系统治理，增强共同体意识，建立党委、政府、社会、居民等多方参与的社会治理共同体，强化对问题产生的内因和外因分析，提供系统性的策略，而不是仅仅针对一个问题提供应急性的解决办法，缺少系统思维、战略眼光可能会造成很多社会问题的“后遗症”，必将会影响社会治理的整体水平。要强化依法治理，提高依法治理意识，形成办事依法、遇到问题找法、解决问题用法、化解矛盾靠法的思路，强化基层群众的法治意识，提升基层干部的法治思维，用法治的手段推进基层社会治理的规范化。要提升综合治理能力，既要注重解决基层群众物质方面的诉求，又要满足基层群众精神方面的诉求，强化素质提升，提升群众的获得感。要强化源头治理，坚持“治标”与“治本”相结合，要正确地看待当代中国面临的社会问题。马克思说：“一切都取决于它所处的历史环境。”[②]“几百年的时空被压缩在几十年的坐标之内，必然呈现传统痼疾、时代矛盾叠加交织的局面”[③]，但在城乡基层社会治理的发展和变革中，我们不能因为矛盾复杂、畏惧矛盾而放弃源头治理，而是要一步一个脚印，找准问题的根源，深挖问题产生的原因，真正解决问题，从而提升

①《习近平关于社会主义建设论述摘编》，北京：中央文献出版社，2017年版，第127页。

②《马克思恩格斯选集》第三卷，北京：人民出版社，2012年版，第837页。

③《从社会主要矛盾转化看新时代中国改革发展》，人民日报，2018-03-19。

治理效能。

从价值观和意识形态上来讲，社会个体在改善生活质量之后，如何正确地看待社会发展变迁，正确地认知自身在社会中的地位变得十分关键。社会的变迁引发了传统治理结构的瓦解，与之相伴的是人的价值观、思维方式也变得多元化。居民共有的生活生产方式、相似的个人情感、共同的评价标准等社会共性的特质逐渐被削弱，差异化、个性化的特质逐渐被彰显，社会整合变得越来越复杂。这也正如邓小平同志所讲，发展起来以后的问题不比不发展时少①，并且在“发展起来之后”，“全党面临的一个重要课题，就是如何正确认识和妥善处理我国发展起来后不断出现的新情况新问题”②。在农村社区，承载文化的“人”的要素变得不足，能够唤起群众乡愁的“符号”成为稀缺资源，在传统与现代、乡土与法治的冲突、融合、再造中，新一代的农民如何重塑自身的精神世界成为必须解决的问题，这是当代中国社会治理面临的一项挑战。从历史经验来看，要凝聚社会共识，必须坚持正确的价值引领，变革现有的基层宣传手段和宣传方式，让社会主流价值观的宣传渠道更为畅通，宣传的方式更容易被群众接受，从而化解矛盾、汇聚力量，减少治理阻力。

（三）从治理手段革新看城乡基层社会治理变革

改革开放以来，社会治理的手段更加多元化，传统的管理手段在不断加强，而新的治理手段随着社会结构的变化得到广泛应用。在城乡基层社会治理中，更加注重技术治理手段的革新，提升社会治理的科技支撑，这种变化既是信息革命的必然，也是社会治理创新的内在要求。在城乡基层社会治理中，传统的现实治理是具体的、可见的，而随着互联网、大数据的发展，“虚拟的社会治理”已占据重要地位。2019年8月《中国互联网络发展状况统计报告》的数据显示，截至2019年6月，我国网民规模达8.54亿，比2018年上涨了2984万，网民使用手机上网的占99.1%。网络空

①《邓小平年谱(一九七五——一九九七)》下卷，北京：中央文献出版社，2004年版，第1346页。

②《习近平谈治国理政》，北京：外文出版社，2014年版，第401页。

间在给人们相互交流、抒发感情、表达意见、购物、展示生活提供便捷的同时，也产生了“人肉搜索”、网络诈骗、人身攻击、散布不当言论等不良甚至违法的网络行为。但“网络空间不是‘法外之地’”①，为提升互联网治理效能，《全国人民代表大会常务委员会关于加强网络信息保护的决定》《国务院关于授权国家互联网信息办公室负责互联网信息内容管理工作的通知》《互联网信息服务管理办法》《互联网新闻信息服务管理规定》等文件，规范了网络参与主体的行为，使网络互动更加有序。

在技术治理的变革中，除要关注网络空间本身外，更要关注有些治理问题的“虚拟与现实的交织”。现实问题通过互联网的传播变得更加复杂，一些无直接利益的参与者，形成了社会治理中的“蝴蝶效应”。因此，要健全运用现代技术推进城乡基层社会治理的机制；要更加注重技术的应用，特别是区块链技术、大数据的合成分析功能，通过技术的应用使治理的路径更加明确，各主体在社会治理中的定位更加准确。

在城乡基层社会治理中，加大科技支持力度，提升工作效率。不断加大对农业产业化的科技支持力度，提高农产品的科技含量，提高农产品的附加值。做好基础设施建设，按照农村生产生活特点对农村基础设施建设进行合理的规划。农村社会治理创新必须利用先进的科学技术手段，培养具有“管理才能+专业技能”的社区管理干部，利用文化创新改变农民的传统思维，制定一系列政策吸引外出务工人员回乡参与农村社区建设，为农村社会经济发展提供人力、物力、财力的保障。比如，一个村或几个村可以共同建立手机信息双向互动平台，将外出人口都纳入管理平台，这样既可以增强管理实效，亦可及时征求外出人员对农村社会经济发展的建议，以此提高农村社会流动人口的管理水平。此外，还可以利用远程教育平台，组织村民学习社会政策、农业科技、家庭卫生等方面的知识，提高农民参与治理的能力。

①《习近平关于总体国家安全观论述摘编》，北京：中央文献出版社，2018年版，第169页。

二、中国特色社会主义城乡基层社会治理的机制创新

推进城乡基层社会治理现代化，建立共建共治共享的社会治理制度，关键是要解决城乡基层社会治理的对象和目标问题，形成可操作的工作机制，用机制规范社区治理中的参与行为和利益行为。切尔·哈蒙认为，政府的公共行政要以代表公共利益为核心价值，在政策的制定过程中，要实现国民的参与，使政策为最广大的国民服务，通过积极有效的公共政策使社会各阶层的利益最大化①。目前，西方社会社区治理的主要模式有自治型的社区治理模式、政府导向型的社区治理模式、合作型社区治理模式②；而我国上海、北京、浙江、四川、湖北等地的一些社区摸索出了具有地方特色的治理模式。这些模式主要在制度机制上规范城乡基层社会治理中不同利益主体的责任义务，并通过加强顶层设计保障机制更好地落地实施。

（一）城乡基层社会治理机制创新的几种探索

1.四川省的“城乡基层社会治理委员会”

中共四川省委十一届六次全会围绕如何推进基层社会治理创新和能力建设这一主题，率先从顶层设计上健全城乡基层社会治理的工作机制，成立省、市、县三级的城乡基层社会治理委员会。这一机制主要涵盖了城乡基层社会治理的领导体制和日常工作机制，建立日常规范的协调机构和办公协调机构，做好一个区域的城乡基层社会治理的牵头抓总、组织协调、督促落实，并通过制定行动方案，明确相关部门职责范围内的城乡基层社会治理任务。这是全国首个在省级层面设立城乡基层社会治理统筹工作组织的省份。委员会设置1名主任、4名副主任，主任由省委常委、组织部部长担任。下设综合组、政策研究组、乡村治理工作组、城市基层治理工

① 杨明、丁德光:《国外政府创新研究综述》,成都行政学院学报,2011年第2期,第27—30页。

② 刘娴精:《城市社区治理模式的比较及中国的实践》,云南行政学院学报,2004年第6期,第106—108页。

作组、宣传组等。办公室主任由本级党建办主任担任，成员由本级党委、政府有关副秘书长、组织部、宣传部、政法委、政研室、民政部门、农业农村部门等20余个部门的负责人组成。委员会的主要任务是落实上级党委关于城乡基层社会治理的重大决策部署，科学策划、统筹协调、督查督办本级城乡治理工作，确定长远规划和年度计划，推动治理机制创新，解决基层社会治理中的制度机制障碍和“肠梗阻”，加强相关问题的研究，整合资源联动解决区域内重大基层治理难题，总结本地基层社会治理的重要经验，指导下级委员会的日常工作。城乡基层社会治理委员会的成立，实现了党委、政府推进城乡基层社会治理的横向联合和纵向连接，为全方位的整合基层社会治理资源，形成扎实有效的基层社会治理机制提供了有益的借鉴。

2. 浙江省的新时代“枫桥经验”

浙江省通过创新“枫桥经验”建立有效的基层社会治理网络，建立了“矛盾不上交，平安不出事，服务不缺位”的新型基层社会治理关系，形成了化解矛盾的社会支撑体系。具体来说，就是强化工作机制，出台了《关于深化经济发达镇管理体制改革加快服务型乡镇政府建设的实施意见》《深化街道体制改革完善城市基层治理体系的意见》《关于建立涉村（社区）工作事项清单制度的通知》，规范了工作服务事项和主要职责，厘清政府和社会的关系定位，转变了基层政府职能，将基层的主要工作转移到“公共服务、公共管理、公共安全”上，建立社区治理的评价机制，实现了社区除清单规定的事项不再接受其他事项，塑造了“权随责走、人随事转、费随事转”的基层社会治理新格局。那么，一些社区居民需要而社区又无法提供的服务项目由谁来提供？浙江省通过建立有效机制来激发社会组织的活力和社区居民的参与热情。一方面，大力推动社区社会组织的培育，2020年每个城乡社区的社区组织基本达到5—15个，并通过政府购买社会组织的公共服务、创造社区组织发挥作用的平台等方式，让社区组织能够得到持续的发展，实现社会组织发展与社区治理水平提升的“双赢”局面。另一方面，鼓励社区居民依法依规参与社区治理，在《关于全面深化法治浙江建设的决定》中，浙江省把“村规民约、社区公约”作为基层依法治理的重要内容，并通过培育“新乡贤”、社区精英、社区能人等方式搭建平台推进基层协商。浙江省通过机制创新，有效地盘活了城乡社区治理的各种资源，提升了基层社会治理效能。

3.江苏省南京市的基层“委员之家”

江苏省南京市政协系统认真落实“有事好商量，众人的事情由众人商量”①重要思想，落实南京市委“突出基层基础，突出工作短板，提升工作质效”的部署，按照“开放体系共享、存量资源整合、功能内涵拓展、协商活动常态、委员作用发挥”的要求，通过打造“商量书房”“委员之家”“盟员之家”，将政协委员划分到“委员之家”参加活动，探索实践“委员网格化”履职，以“小切口、可操作、能见效”为原则，力求协商议题“选得准”。在具体实践中，明确政协到基层协商的次数要求，并严格按照“先调研再定题，先调研再协商，先协商再决策”的原则要求，严格遵守“提出议题、前期准备、组织协商、监督反馈”的工作流程，确保协商取得实效。政协协商与基层协商有效对接，让协商成为社情民意的“直通车”，化解社会矛盾的“减压阀”，宣传协商文化的“播种机”，最终达到凝聚社会共识，形成发展合力的目的。

此外，在社区治理的机制创新中，武汉市百步亭实施的“红色引擎”工程，汕头市建立的“基层社会组织联合会”，创新了社区整合资源的平台，形成了多方参与协商共治的社区治理新模式。

（二）新时代城乡基层社会治理的机制创新

1.健全城乡基层社会治理的制度生成机制

从国家治理能力和治理体系现代化的角度来看，治理制度分为宏观、中观和微观三个层面。宏观的治理制度包括法规、条例等，比如，《关于加强和完善城乡社区治理的意见》《中国共产党农村基层组织工作条例》；中观的治理制度包括各地依据自身治理工作的需要出台的意见、方案；而

①《习近平关于社会主义政治建设论述摘编》，北京：中央文献出版社，2017年版，第65页。

微观的治理制度主要是某乡村（街道）根据宏观、中观的治理制度探索而来的创新举措。目前，从国家到地方都在进行基层社会治理制度的创新，而这种制度创新是自上而下的，基层的主要任务是创新执行方式，而非创新执行内容。面对地域广袤、情况千差万别的城乡社区，一个制度的创新能否涵盖所有社区治理所面临的环境、需要解决的问题，答案是显而易见的，那么如何保证制度的适应性和针对性，在基层建立一种较为科学的制度生成机制就显得尤为重要。这里讨论的制度生成机制，主要包括城乡基层社会治理的问题反应机制、汇总机制、甄别筛选机制、分层落实机制和督导机制。其中：问题反应机制主要是指，哪些基层社会治理问题需要通过制度化的手段予以解决；汇总机制就是将一个地域面临的所有治理问题进行汇总；甄别筛选机制就是由专家、主管单位、基层干部群众通过一定方式确定需要解决的问题，并对问题进行分类；最后，将分类的问题形成清单目录，建立责任清单分层次层级进行落实。科学合理的制度生成机制，既保障了宏观、中观制度的落实，又兼顾了区域的差异性，提高了制度的运行效率。

2.优化城乡基层社区治理的空间机制

在城市化、精准扶贫、乡村振兴等多种因素的影响下，城乡基层社区的空间发生了巨大的变化，服务项目数量、服务项目质量、服务区域的增长对社区干部队伍提出了更高的要求，城乡社区建制的调整迫在眉睫。推动这一工作，可以从优化社区空间布局、厘清社区职责职能、优化社区服务、加强社区服务队伍建设、创新社区工作机制上重塑社区空间，并通过社区空间整合实现社区力量整合，结合社区的经济结构、社会结构、人口构成、历史发展等因素，形成科学合理的村（社区）建制调整，探索城乡社区治理创新的新途径。在交通便利的村（社区），加大村（社区）之间的资源共享，推行公共服务设施“一卡通”或“无障碍使用”，建立共享物品、技能的实体或虚拟空间。在农村治理中，紧紧围绕乡村振兴强化产业支撑，积极为外出务工人员返乡创业提供项目资源，重点扶持绿色无公害农产品种植加工，发展以观光农业、美食养生为主的乡村旅游业，发挥村级空间优化的正向作用，助推农村产业结构升级。

3.完善城乡统筹的治理机制

由于农村社区社会结构差异性较大，在实践的基础上提出一个既能体现农村社区个性又能凸显城市化共性的模式，既有现代城市的特色又蕴含丰富的乡土文化气息的治理方案是比较困难的。在资源分配上，与城市社区相比，农村社会治理创新更需要中央、省、市等上级党委、政府的资源支持，并在实践中“把乡村建设摆在社会主义现代化建设的重要位置”①。通过实施乡村建设性行动、发展社会组织、建设平安社区以及鼓励居民参与等方式推进社会治理创新，并在实证研究的基础上总结经验，这是今后开展社区治理研究的重点课题。

城乡统筹融合发展是农村社会治理机制创新的基础，反过来，农村社会治理机制创新是推动城乡一体化的动力。以系统论的观点，重点分析研究城乡一体化的外部支持系统以及相互作用的内在机理，显得尤为必要。在实践上，逐步探索实现城乡政策制度一体化和城乡公共服务一体化的途径，加强外力的推动，通过创新制度环境和优化基础环境全面激活农村市场。以培育内生改革力量为着力点，进一步改革农村市场经济微观基础的构建，通过公共服务产品有效的确权，使城乡之间的要素真正实现以市场为基础的优化配置，进而打破城乡之间在人口、产业、社会事业等方面的分割，实现城乡一体化发展。要通过广泛的社区动员，调动农村社会组织、居民的积极性，提高居民参与社会治理的意识，让居民广泛参与居民自治、农业协会等事务，发挥社区自治的作用，推动社会事务处理的规范化、科学化，探索农村社会治理示范村建设的模式。工会等群团组织有参与社区治理的能力、资源，通过建立工会等群团组织参与社区治理。在社区成立工会小组，成立流动人口、农民工流动互助小组，推选一定数量的工会委员会委员，由工会组织工会会员参与社区治理，将流动人口、农民工组织起来，并对重点人群的人员定期进行“走访”，增强流动人口及其他群体的社区归属感。鼓励城乡社区建立“一对一”结对帮扶机制，针对

①《十九大以来重要文献选编》中，北京：中央文献出版社，2021年版，第801页。

城乡社区面临的养老问题、产业发展问题等，发挥城乡社区的比较优势，建立互助养老机制、产业帮扶机制，共同解决城乡社区治理面临的困难。

4. 创新社区居民参与社区治理的机制

当前，社区居民参与社区治理的氛围不浓，社区居民的自身素质和参与能力还有待提升，参与意识还有待培育。推进社区参与式治理，就必须使居民从“自我为主”变得“成熟理性”，由社区管理的“游击军”变成训练有素的“正规军”。为了实现这一目的，可以通过开办居民学习夜校，开展政治学习和理论学习，加强社会治理创新中的法治建设，并逐步整合法治宣传、法律服务、人民调解、法律援助、基层治理等多项社会管理职能，锻炼社区居民的语言表达能力、基本书写能力、谈判协商技巧以及心理承受能力，提升居民的政治素养和文化水平，培育社区居民的理性思维。开展模拟活动，让居民多参与实践锻炼，熟悉参与流程，培养居民参与社区治理的自觉性和自信心，让居民通过及时准确地表达自己的利益诉求，维护自身合法权益，提升社区治理水平。实践中，在一些特殊时空条件下，因为无法避免利益相关者参与决策，所以必须建立有效的参与约束机制。就参与模式来说，政府主导型和居民自发组织型模式都存在弊端。政府主导型的参与式治理，有可能引发政府的公共信任危机，而居民自发组织的参与模式，可能由于无纪律约束而变得不可控制。因此，需要出台相应的管理条例，建立有效的参与监督制度。可以在各社区成立以居民代表为主的监督委员会，对参与管理的内容、协商决策程序以及执行情况进行全面监督，做到议事事项的提议、决策，以及文件的制定、签订和执行都有居民参与，明确参与各方的权力，确定参与各方的法律、道德等方面的责任，保证参与式治理的顺利进行。

5. 完善社区精英群体和先进典型群体引领社区治理的机制

我国的社会治理从全面的“总体性治理”向行政化、科层化的“技术治理”方向转变，政府权力的运行更多地强调规范化和法治化，通过行政蕴含政治的方法获得认同和合法性的基础。这种转变使社区社会治理从标准化、制度化、控制化的治理模式向灵活性、机动性、非正式的治理模式转变。而社区精英和先进典型等“代言群体”在这种治理模式中的作用不容忽视，因此，要发挥社区精英群体和先进典型群体在社会动员、社会规训中的作用，就需要鼓励社区精英和先进典型密切联系群众，“我们应该走到群众中间去，向群众学习，把他们的经验综合起来，成为更好的有条理的道理和办法，然后再告诉群众（宣传），并号召群众实行起来，解决群众的问题，使群众得到解放和幸福”①。社区精英和先进典型是社区社会共识构建的“符号群体”，要重视社区精英和先进典型在达成社会共识中的积极作用，突出社区精英和先进典型的价值引领，构建良好的社会秩序规范。在农村社区中，通过发挥社区精英和先进典型的带动辐射作用，以“先富带后富”，最大限度地发挥其对弱势群体可持续生计资本获取上的支撑作用，推动在伦理、制度和权利兼顾的基础上的利益合理分配，降低利益分化引发的社会冲突，在国家与社会关系的调整中提高社区社会治理水平。

6.完善指导、监督问责机制

要建立城乡基层社会治理的“大格局”，就必须解决基层社会治理资源不足和服务资源“下沉”力度不够的问题。政法机关、组织部门、民政部门要充分发挥自身组织机构的网络优势，联合职工居住地的街道、社区、党组织以及其他民间组织，推动构建以“政法机关+组织部门+责任部门”为主体的保障基层社会治理的工作机制，健全矛盾问题收集、处置的组织网络，推动“一站式”多元解纷和诉讼服务体系建设。针对劳动争议、社会保障、工作环境改善等关系职工切身利益的矛盾问题，积极探索建立诉讼与公证对接协作机制，给予职工更多的保障，实现问题处置的规范化、程序化、制度化，将矛盾纠纷控制在合理的范围内。组织部门和纪检监察部门要完善监督问责机制，坚持“权责一致”的原则，解决“问责对下不对上，上级担责少、下级担责多，主要领导问责少、分管领导问责多”等问题，跳出基层“属地管理”的问责怪圈，真正实现权责清晰、问责有效，让监督问责成为推进城乡基层社会治理的“利器”，而不是“甩

① 《毛泽东选集》第三卷，北京：人民出版社，1991年版，第933页。

锅”“背锅”的“障眼法”。

第三节　城乡基层社会治理中的风险防控体系建设

现代社会是一个风险叠加的社会。早期的社会学家主要从功能和社会秩序的角度解释社会，代表人物为帕森斯、莫顿，而以科塞和达伦多夫为代表的社会学家，提出社会一面是稳定、有序与和谐，另一面是风险、冲突和压制的观点。但从社会变迁的角度来看，社会冲突是社会的常态，是社会进步的动力。科塞提出社会个体的相对剥夺感是社会冲突的重要根源，冲突是为了满足释放敌对情绪的需要。为了避免冲突危及社会秩序，就必须建立“社会安全阀”，并通过“社会安全阀”将释放冲突的方式制度化，以达到通过社会冲突维护社会秩序的目的。达伦多夫将权力的不平等分配看作社会冲突的根源，权力和权威都是稀缺资源，分配不公就有引发社会冲突的可能，这种权力是附属在社会地位上，而不是依附在个人的人格魅力上。社会冲突理论为解释现代社会问题提供了新的视角，也成为解释现代社会风险的重要理论基础。进入20世纪末，社会冲突的剧烈性降低，而诱发冲突的可能性增加，社会进入风险社会。吉登斯指出，社会风险是解释现代社会问题的重要“符码”，政府的社会政策选择不是由过去的社会现象决定的，而是由未来社会风险决定的。德国社会学家贝克把现代社会特征概括为从“财富分配的社会”向“风险分配的社会”的转向[①]，把社会风险概括为引发社会冲突，破坏社会稳定和社会秩序的可能，社会风险是现代社会冲突的重要表现形式。所以，社会风险既是现实存在的又是无法确定的，是社会个体对于所处环境的不安全性感知或预测，由此引发的一系列社会行为。因此，现代社会具备社会风险的意识是必要的，通过对社会行为的反思，实现决策行为的科学性。

① 乌尔里希·贝克：《风险社会》，何博闻译，南京：译林出版社，2004年版，第7—15页。

一、基层社会风险的类型

基层社会风险是在社会运行中因各类社会关系不协调造成的，这些风险的存在给基层社会成员的生产生活带来了巨大的困难。按照风险的破坏程度和影响程度，社会风险可以分为国际社会风险、国内社会风险和区域性社会风险。国际社会风险是指在全球范围内出现的对全球秩序、国家关系以及交往交流带来巨大影响的社会风险，这种风险也会影响到基层的社会运行和人际关系。比如，新型冠状病毒感染疫情、国际金融危机、农产品价格波动等。国内社会风险是指发生在一个国家范围内，影响本国正常的社会秩序和人民生活的风险，比如政治危机、社会动乱等。区域性社会风险是指对一个区域的经济社会运行有深远影响的社会风险，比如区域性的自然灾害、社会安全事故等。

按照风险的起因和风险的表现形式，基层社会风险可划分为生活风险、整合风险，不可控风险、可控风险，显性风险和隐性风险等。这些风险持续时间较长，从发生到结束都会给社会成员和社会秩序带来一定的影响。“生活风险”是指迫使社会成员在生活中陷入困境的各种不确定性因素之和，包括社会成员在生活中遇到的疾病风险、养老风险和生存风险等。“整合风险”是指由社会系统自身因素（内部因素）和系统外的因素（外部因素）造成的各子系统之间不协调的现象。例如，社区居民自治中不注重关注社区群众的利益诉求导致的社区治理脱离群众问题，使社区的“民主选举、民主决策、民主监督、民主管理”不能落实，社区党组织委员会整合力下降。此外，城乡居民收入差距拉大，势必造成弱势群体的社会获得感不强，对社会倡导的价值观认同度不高，社会整合力差。“不可控风险”是指由自然、社会等潜在不可抗拒的因素引发的风险，例如暴雨、干旱、泥石流对社会发展和社会成员生活带来的巨大负面影响。“可控风险”是指由社会成员的交往活动引发的风险，例如网络诈骗、传销、交通事故、投资失败、股票下跌等造成人们生活的不确定性增加。“显性风险”是指在社会运行中发生的被认知、被预料的风险，例如生态环境污染、资源短缺导致的人们生存质量下降，农村的青壮劳动力缺失导致的农村劳动力不足，城市化进程加快和流动人口增加导致的“城市病”等。“隐性风险”是指没有被预料、被认知的风险，例如教育投入风险、失业风险、婚姻风险等。

在基层所面临的社会风险，不仅有国际、国内、区域风险的溢出风险，还有整合风险、生活风险、显性风险、隐性风险等涉及面较小影响却很直接的风险。

二、防范和化解基层社会风险面临的主要问题

（一）村（社区）干部化解风险能力不高

目前，党员干部防范化解社会风险的能力有待进一步提高，主要体现在干部能力素质、工作方法、权责分配上。由于缺乏专业知识，村（社区）干部对现代社会风险的认知不够，对社会发展中农村社会转型的把握不够，不能及时地化解一些小的风险，导致一些小的风险问题可能演变为大的社会矛盾或群体性事件。在方法上，防范和化解社会风险的方式方法不够科学。受传统思维的影响，村（社区）干部习惯于用传统思维和传统方式去解决群众反映的切身利益的问题，行为上忽视程序、注重结果，民主协商的方法用得不好，导致一些化解不及时的社会风险演变成基层社会危机。此外，还存在基层党员干部权责不匹配、职位职级晋升通道不畅、工资待遇保障偏低、后备人才匮乏、工作和生活负担过重等问题。

（二）外部环境变得复杂，各种风险交织

建设中国特色社会主义现代化国家最繁重的任务在农村。现实中，农村社会治理的社会环境与城市相比更为复杂，但都存在相似的风险源。一些偏远山区和人口聚集不足的农村，可能存在非法宗教活动，在一定程度

上影响了基层政权的稳定，给基层治理带来了巨大的风险。在一些人口密集的城市社区，非法宗教活动与传销等非法活动结合在一起，给人民群众生产生活带来一系列问题的同时，也影响了城市的公共秩序。近年来，外出务工人员回流给农村社会发展带来了活力，但个别人不良的消费习惯、生活习惯，引发了村（社区）居民个人消费行为和价值观的变化，不利于基层良好社会秩序的形成。各种自然、社会风险交织叠加引发粮食减产、财产受损、疾病等问题，可能导致一些基层家庭的生活变得困难。

（三）网络社会风险管控难度较大

科技的发展给社会成员带来便利的同时，也带来复杂的社会风险。信息社会的发展促进了社会群体的分化，一些信息资源的拥有者和熟练掌握者，成了信息社会的获益者，而一些不能熟练掌握网络运行规律的个体被排斥在网络社会之外，信息社会越发达，这种分化就越严重，弥合这种差距就变得越困难。此外，利用网络获取经济利益的行为越来越普遍，例如，网上购物、网络直播带货、“网红”经济等，它们激发了市场活力的同时，也带来了网络诈骗、网络色情等一系列不良的行为，给家庭关系、社会关系、社会稳定等方面带来了负面影响，增加了基层治理的难度。信息社会改变了基层社会人与人的交往方式，同时也改变了基层的治理方式。

（四）城市聚集性增强引发了一系列风险

这里所谈的聚集性风险主要包括建筑聚集、人口聚集和产业聚集带来的风险。建筑的聚集使城市逐渐变得拥挤，公共空间不足，房价上升。征地拆迁、购房置业在推动城市发展的同时，也会因利益纠纷、监管不到位引发一系列矛盾。例如，征地拆迁中“强拆”引发的群体性事件、房屋私自改建导致的安全事故等都有可能引发社会风险。人口聚集会导致城市的各种资源变得紧张，城市的社会关系和社会结构发生变化，人际交往出现分化，增加了城市的治理压力。产业的聚集扩大了城市生产的影响辐射范围，带来就业岗位增加、人口聚集的同时也变相地提升了城市的竞争水平，资源配置的范围扩大，社会成员获取资源和社会资本的难度较以前有大幅度提高。另外，在产业转移的过程中，一些高耗能和高污染的企业聚集，给生态环境和社会安全带来了巨大的压力，也给基层治理带来了潜在的风险。近年来，因化工、垃圾焚烧发电等产业引发的群体性事件以及安全生产责任制落实不到位造成的安全事故成为基层安全治理的重要风险源。

三、提升基层组织防范和化解社会风险能力

基层风险治理是一项系统工程，提升风险治理的效能必须建立闭环的抗风险系统，从而达到充分动员、及时控制的目的。

（一）强化源头治理，建立基层社会风险的识别、分类机制

提升基层网格化管理水平，建立和完善基层公共安全风险排查机制。构建楼栋、党员为一体的基层网格化管理体系，织密安全防护网和治理点位网，使治理区域的各种风险能及早发现、及时发现、及早处理，确保各种风险在可控的范围之内。坚持问题导向，发挥基层党组织在风险排查中的作用，定期对区域内的各种风险源进行清理，建立政治风险、社会风险、自然风险等清单，建立工作台账，并通过科学的手段定期研判基层社会面临的主要风险，形成风险数据库和日常风险防范目录，将重点领域的风险化解与日常性的排查工作有机结合起来，及时发现问题，提升工作质效。强化已知风险的控制和未知风险的预防，并对已知的社会风险根据防控的职责进行分类，加强对易导致社会风险的重点领域、重点群体的关注，及时组织相关人员开展监测，动态掌握风险的发展变化。

（二）建立基层社会风险的评估机制

飞速发展的科学技术提高了我们对基层风险的认识水平，但技术变革

速度越快、社会越朝前发展，社会风险越有可能朝复杂的方向发展，因此，通过研究加强对不同类型风险的影响范围、生命周期、可能造成的危害以及可供采取干预手段的效果进行评估，用科学的理论、手段对风险的源头进行分析，确定风险防控的基本方向和适用的策略愈发重要。此外，还需要在实践总结的基础上，建章立制，明确党委、政府、社会组织和社会成员的具体责任，强化资源整合，提升社会治理的精细化水平和风险化解的科学化水平，真正做到想在前、做在前，实现风险不恶化，矛盾不上交，问题不叠加，切实提升基层防范化解风险能力。做好基层重大公共安全突发事件预案设置、应急处置和善后处置，构建一套切实可行的风险处置机制。制定差异化的实施细则，形成一套操作性强的工作流程、方案完善机制和不规范行为的惩罚机制，精准施策，建立健全风险管理预案、处置分工机制。

（三）建立风险处置的舆论、行为支持系统

整合社会力量、引导社会舆论是处理社会风险的重要方面。及时收集不同主体的意见建议，鼓励利益相关者参与到风险防控中，发挥党员干部、志愿者以及社区中有一定声望的群体的带动作用，做好引领示范，并通过微信、微博、报纸等媒体，及时发出倡议，更新风险处置的相关情况，回应社会成员的关切，取得全社会的支持，达成共同应对风险的社会共识。发挥科技支撑作用，强化基层党组织网络风险防控能力。充分运用现代技术，完善基层的“智慧网”，提升基层风险治理的科技支撑能力，统筹推进数字乡村、数字社区建设，逐步实现所有城乡社区通光纤宽带和4G、5G网络，加快城市和农村社区“雪亮工程”建设与联网应用，加强网络风险的防控，提升基层风险治理水平。严格按照相关法律的要求，管理好党员干部的网络行为，发挥党员干部引领作用，加强对群众的教育管理，引导群众树立正确的网络行为规范和网络价值观。综合各种媒体资源，开展广泛宣传，提升党员群众的防骗和防风险意识，运用大数据和“区块链”技术，加强网络风险的预警，用科技手段提升风险的监测和防

控水平，使风险防控更加精准有效。

（四）做好源头风险防控，提升基层党组织依法防控风险能力

基层党组织用法律手段提升风险的源头管控是解决基层各种风险的重要途径。加强普法宣传，积极在党员干部和群众中间开展法治宣传，让党员群众树立依法处理问题、化解矛盾、解决危机的法治思维；健全基层普法宣传员队伍，实行“一村一法律顾问”的制度，加强农村的法治人才队伍建设。重视法治阵地建设，建好农村便民警务室、流动法庭，使依法治理落地落实。强化制度在风险防控中的作用，加强网络空间风险治理，加大网络非法行为的打击，加大对网络诈骗、网络传销、网络谣言等网络非法行为的处罚力度。坚持德治与法治相结合控制社会风险，提高基层群众的道德约束力，推进新时代文明实践中心建设，广泛开展“传家训、立家规、扬家风”等活动，用传统道德约束群众的行为，引导社会成员建立良好的邻里关系、家庭关系，培育基层群众积极向上、平和乐观的社会心态。可以用村规民约规范红白喜事的办理，引导群众树立正确的价值观，建立正确的社会评价体系，摒弃盲目攀比之风，改变传统“重葬轻养”的不良风俗，把“孝老敬亲”作为重要行为准则，培育良好的社会风气，化解基层社会运行中的道德风险。加强基层的扫黑除恶斗争，围绕基层经济社会发展开展行业整治，坚决依法打击行业乱象，加大对非法集资、强买强卖、欺行霸市等行为的打击，坚持以维护群众利益为目标斩断各种风险源，提升重点领域的依法治理能力。

（五）不断整合治理力量，提升风险的协同治理水平

提升基层协同治理水平的关键是发挥基层党组织整合资源的功能。在风险治理中，要坚持党的领导，强化党员干部引领作用和风险意识，教育培养党员干部树立系统思维、效益思维、前瞻思维，通过跟踪追溯系统地处理风险。落实基层党组织责任，加强自然灾害排查，将人民群众的生命财产安全放到第一位；引导群众理性合法地表达自身的合法利益诉求，畅

通群众利益表达机制和反映诉求的渠道，纠正群众的不当利益诉求，关注受影响群体的心理行为变化。建立风险处置的跟踪评价机制，通过制度化的手段解决群众利益诉求，在防范化解基层社会风险中夺取主动权，不断提升防范自然风险的能力和社会利益领域的风险防控能力。积极调动广大居民参与社区治理的积极性，把整合最广大人民群众的力量作为工作目标，通过民主协商找到风险治理和群众利益的最大公约数，达成共识，转危为机，建立基层风险治理的共同体，稳固党在基层执政的根基，提升群众的获得感、幸福感和安全感。

第二章　新时代城乡基层社会治理的网络体系建设

自党的十八届三中全会以来，形成了党委、政府、社会以及其他主体共同参与的中国特色社会主义社会治理体系。在这一体系中，基层党委处于牵头抓总的领导地位，社会组织、社会个体都是基层社会治理的主体。因此，推动基层社会治理需要加强基层党组织建设，构建运行有效的基层网络体系，为落实基层社会治理的各项目标任务奠定坚实的组织网络支撑。但在具体的实践中，必须清晰地认识到“党领导一切”并不等于“党包揽一切事务”。换而言之，在基层治理中，在巩固党的领导地位的同时还要不断地激活社会活力，健全各类社会组织，推动“政府—社会”的良性互动，使社会更加富有活力。在推动社会组织发展的同时，还要激发社会个体主动参与基层社会治理的热情，构建良好的基层协商民主的氛围，提升社会个体的社会责任感。

本章主要是对基层社会治理网络体系的分析，论述了城乡基层社会治理中的党建引领、“枢纽型”社会组织建设、协商民主发展等内容。

第一节　城乡基层社会治理中的党建引领

党的十九届四中全会提出要构建“党委领导、政府负责、民主协商、社会协同、公众参与、法治保障、科技支撑”的社会治理体系。在城乡基层社会治理中，充分发挥党组织统揽基层全局、协调各方的作用，可以更好地整合社会资源为基层群众服务，提升基层治理的效能。

一、党建引领基层社会治理几种成熟的做法

坚持党建引领推动基层社会治理水平提升，主要是解决社区治理不规范、治理资源掌握不足、参与治理的能力不强等问题。目前，北京、上海、武汉、成都等地都对党建引领基层社会治理的方式和着力点进行了探索，收到了较好的效果。

（一）“党建引领、街乡吹哨、部门报到”的党建联合模式

北京市推行“党建引领、街乡吹哨、部门报到”的党建联合模式，制订细化街道职责清单，通过明责赋权优化职能，建立综合执法平台，引导街乡干部深入一线，拓宽“吹哨报到”参与范围等方式，明确街道在党群工作、平安建设、城市管理、社区建设、民生保障、综合保障等6大板块的111项职责，提升社区整合资源与提供服务的能力，使社区能“有权管事、有人管事、有经费做事”，推进党建工作与社区治理相结合，真正实现了党建引领社区治理。上海市以社区为平台，以信息化、智能化为手段，以社区党组织为核心，以全面“网格化”为抓手，以社区居民为主体，以社区精准服务为目标，在社会组织和“两新”组织中建立党支部，为社会组织配备党建指导员、党建信息员、党建宣传员，积极推动辖区单位、社会组织融入社区党建和自治、共治、德治、法治的基层社会治理格局中。打造“社区通”平台，整合区域内的资源，开展“联动式”社区党建，通过赋权增能实现社区党建资源的汇聚整合，打造党建共同体，推行党建一体化。

（二）社区治理的“红色引擎工程”

武汉市开展党建引领社区治理的“红色引擎工程”，通过整合辖区机关单位、“两新”组织党建资源，建立“社区大党委”，构建量化指标体

系；通过加强组织体系、规范治理体系、完善服务体系、创新服务发展体系、强化保障体系的方式，创新运用了“加”主动服务，“减”被动服务，“乘”服务效能，“除”矛盾纠纷的“加减乘除”工作法，提升了社区党建专业化水平和社区治理能力。

（三）标准化党建引领社区治理

成都市通过组织设置、班子建设、党员管理、组织生活、工作载体、阵地建设、运行机制、工作保障、档案管理等社区党建“标准化”建设，打造社区“标准化”党建，全面推行与群众贴心，让群众舒心、放心、开心、顺心的“五心党建”行动；大力推行班子双向进入、信息双向整合、项目双向推进、服务双向参与、工作双向督促的“五双党建”行动；扎实开展找党员、建组织、立机制、搭平台、强保障“五步党建”行动，提升了党建引领社区治理的水平。成都市通过探索党建引领社区治理的标准化模式，夯实了基层社会治理的工作基础，调动了群众参与的积极性，提升了社区治理的质量。

北京市的党建引领社会治理模式，以网格化为抓手，在运用现代技术推动“网格党建”的基础上，通过党建带动和党员示范，充分发挥党员在社区治理中的先锋模范作用，实现了社区与社会的“联动”。这种模式更多是盘活区域内治理资源，并通过制度化建设，让社区有依据统一调配资源。当所有的资源“下沉”到社区之后，又通过提升干部素质，让资源更好地服务群众，使普通群众真正获益，提升社区服务群众的效能。

武汉市将基层党建、政务服务效能提升和基层社会治理联系在一起，通过提升政务服务效能，满足群众需求，提升了基层党员干部在群众心中的形象，赢得了群众的赞誉。

这些有益的探索为党建引领基层社会治理起到了很好的示范作用，值得借鉴。

二、党建引领基层社会治理的重点任务和难点、痛点、堵点

（一）党建引领基层社会治理的重点任务

党建引领基层社会治理包括两个方面的含义：一方面是推动党委与社会两个系统的互相嵌入融合，另一方面是强化基层党组织在公共产品供给和公共服务体制机制创新中的主导作用。要发挥好基层党建在基层社会治理中的引领作用，关键是加强基层党组织建设，推进基层党组织体系建设，特别是完善小区党组织，健全“街道—社区—小区”的党组织网络，延伸基层党建的触角，健全党员发展工作机制，加强流动党员管理，推进基层党组织活动规范化，将基层党组织打造成服务基层群众的战斗堡垒。运用现代技术提升治理水平，整合辖区内机关单位、企业、学校、社会组织等社区治理主体的人力、基础设施等方面的资源，为社区开展社会服务提供支持。将现实党建与“虚拟党建”相结合，促进现实治理与网络治理的有效衔接，推动党风引领社风、民风，传递正能量，引导居民形成良好的价值观，为社会治理打下坚实的思想基础。

（二）党建引领基层社会治理的难点、痛点

进入新时代，经济的快速发展冲击了传统的社会结构，社会转型加速导致人的社会交往方式、生活方式和生存方式发生了重大的转变，使基层社会治理所处的社会环境较为复杂，各种矛盾频发，管理困难大，社区成为各种矛盾的交汇处。在实践中，党建引领基层社会治理存在区域性的不平衡不充分的问题，整体呈现“东高西低”“新高旧低”的态势。“东高西低”是指东部发达地区党建引领基层社会治理开展得较好，而西部欠发达地区开展得较弱；西部地区的城市本身也存在新建小区党组织网络布局好，商圈党建开展得较好，而老旧小区各方面工作开展得较为滞后的现象，而“新高旧低”。

从城乡“二元”结构的视角来看，流动人口增加带来城市社区人口增加和农村社区“空心化”的问题。社区治理与社区服务对象超出社区户籍的限制，而是以空间和地域为界限，即在社区工作和生活的所有人都是社区服务的对象。社区的流动人口增加，且这部分人从事各种各样的职业，社区很难掌握这部分人的生活轨迹，管理难度大。尤其是在公共服务的享有问题上，流动人口享受不到养老等方面的服务，这些问题的存在造成他们与常住居民关系的紧张，加剧了社区矛盾。从现实来看，社区干部队伍不足、服务能力不够，社区资源整合力度不够都是导致这一问题的重要原因。

反观农村社区，城乡一体化推动了农村经济发展，城乡人财物流动速率随之加快，农村居民对于美好生活的向往更加强烈，而收入较低的现状又限制了他们的需求，高质量、多样化的物质文化需求与较低的收入之间的矛盾凸显，这种落差感易使他们产生失落和不满情绪，加大了农村社会治理创新难度。此外，大量农村青壮劳动力外出务工，对农村事务和经济社会发展的参与度降低，一些青年不了解农村、不熟悉农村、不想从事农业活动。人口的迁移使农村常住人口急剧下降，农民不愿回来参与农村经济社会建设，农民协会等农村社会组织发挥的作用有限，村级基层自治组织作用发挥不明显，致使乡村振兴和农村社会治理存在动力不足的问题。如何使农村人气旺起来，成为吸引各类人力资本的“洼地”，必须在基层社会治理机制上进行创新。

从基层党组织自身建设看，存在党组织体系不完善、功能发挥不充分的问题。目前，基层街道、社区、小区三级组织中，存在社区党群服务中心、社区“大党委”、区域化党建工作指导委员会建设参差不齐的问题，小区党组织建设较弱，未能实现全覆盖。一些城市社区党组织基本为两级架构，即社区党委和片区党支部，住宅小区大多没有单独设置党支部、小区支部工作站，各楼栋也没有普遍设置党小组，组织建设未能向小区及楼栋延伸。在发挥党组织功能上，个别基层党支部缺乏凝聚力，党组织带头人的领导作用发挥不足，对群众的思想动态掌握不准，解决矛盾的办法不多，介入不及时、化解不理想，造成了党组织功能的弱化。在利益分配方面，由利益分配不均引发的矛盾，主要涉及房屋拆迁、集体资产的收益分配、各种社会保障资金发放等方面。在处理这些问题时，一些执掌基层资源分配权力的村干部，不能很好地坚持公平公正原则，将权力与人情挂钩，甚至将自身的利益优先于其他群众的利益，优亲厚友的现象在一定程度上存在，成为各种基层社会矛盾的源头。此外，在现有的党组织中，社区一级党组织书记和委员待遇保障措施落实较好，而小区党组织建设的工作经费保障不充分，导致社区下设的小区党支部基本上只有1名书记，存在机构不健全、人员不齐整、办公无场所等问题，党组织作用的发挥状况参差不齐。

从社会组织参与社会治理来看，目前，在欠发达地区，大部分社区工作人员一般为7—15人，而较大的社区仅流动人口就有近10000人，加上常住居民，人口数字更为庞大，仅靠社区干部很难提供高质量的社区服务，要想完成所有社区工作，需要社会组织和社区居民全方位地参与和支持。

从实际现状来看，社会组织是激发社会活力、提升社会治理效能的关键“变量”，是社会治理创新的重要载体。推进社会治理创新必须依靠社会组织的力量，但欠发达地区各种社会组织发展缓慢，主要原因有：一是在社会组织建设上，存在社区社会组织发育不良的问题。在西部地区，社区社会组织数量少、规模较小、能力不足、功能不全、运作不规范、承接公共服务能力不高。同时，街道和社区对社会组织的孵化、培育、管理缺乏制度性安排，缺乏对社会组织发展的长远规划，导致社会组织发育缓慢，社会活力不足，社会组织参与基层社会治理程度较低。二是街道和社区对社会组织的支持力度有待加强，特别是在办公场地、经费、人员等方面缺乏有力支持。三是社会组织的运作方式有待规范，特别是一些涉及小区资源、资产、资金管理的社会组织，在具体工作中缺乏明确的组织目标，甚至有些组织的成立目的与其公益性的定位相距甚远，这些都不利于社会组织的发展。因此，应坚持培育发展和管理监督并重，促进社会组织健康有序发展，发挥其提供服务、反映诉求、规范行为的作用。

从党建业务落实上来看，工作主责主业不突出的问题较为明显。一些社区干部党建意识不强，社区干部反映最多的是事务性问题、待遇问题，很少谈及党建问题，有的干部甚至没有从本质上认识到党建引领基层社会治理的重要性。一些党组织书记不清楚自身职能定位，不清楚党组织该抓什么，过多包揽本应属于居委会承担的工作，而党员教育管理、组织生活、党建活动等却存在走过场的现象。此外，党员教育管理效果不好，党员老龄化现象比较突出，年轻党员尤其是新发展党员偏少，部分社区连续多年都没有发展新党员，“三会一课”、党员活动日等组织生活形式单一，缺乏吸引力，参与率不高，这些都是基层党建的突出问题。

从干部待遇上来讲，存在职务待遇不匹配，激励机制不健全的问题。在西部地区，社区干部的补助水平偏低，与经济发展水平和社区工作量不相匹配，很难吸引高素质人才到社区工作，不利于社区干部人才储备和补充，且难以激发现有社区干部的工作热情。在社会福利保障上，福利保障不足的问题较为突出。

（三）党建引领基层社会治理的堵点

由于发展不充分、不平衡，基层社会治理中的保障能力和整合资源的能力参差不齐。

在社区服务保障措施上，存在基础经费保障不到位，服务设施不配套的问题。社区阵地无法满足现实需求，之前由于缺乏硬性规定以及监督管理不到位，兴建住宅小区未配建或未按标准配建社区综合服务设施，导致服务居民阵地有限、资源不足，业主对小区公用场地、公用设施设备权属不明晰，停车位不足、绿化不达标、大修基金缴纳不到位等问题反应强烈，从而导致拒绝成立业委会、拒交物业费、拒绝引进物业公司等现象的出现。部分新建的小区也存在没有严格按照相关文件配套建设社区综合服务设施的问题。例如，《达州市中心城区新建住宅小区配套建设社区综合服务设施实施办法》规定，“计容住宅建筑面积低于2万平方米的，开发建设单位按照计容住宅建筑面积3‰比例向住房城乡建设部门交纳社区综合服务设施建设配套资金，纳入财政专户管理，全额安排给同级人民政府，用于社区综合服务设施建设”；“计容住宅建筑面积在9万平方米以上的，按照计容住宅建筑面积3‰的比例配建一个或多个社区综合服务设施”。在西部欠发达地区的旧城区，社区服务居民阵地普遍较小，且不同社区之间已有阵地面积差异性也较大，部分社区阵地问题靠租借解决，大部分社区辖区内有一些闲置国有资产，但市县两级相关部门缺乏整合使用闲置资源的权力，推动力度不够，基础设施无法满足现实需求，阵地不达标限制了社区服务工作的开展。在经费保障上，存在社区工作经费无法满足现实需求的问题。

在职能定位方面，存在社区工作的权责不对等、职能定位不明确的现象。“上面千条线、下面一根针”[①]，在实际工作中，工作人员认为其所在社区的职能职责不是很明确时，都是上级交办什么就干什么，临时性任务较多。在社区治理过程中，由于事项准入制度未建立健全，职能部门无论任何事情，只要涉及基层一线，均要求社区参与甚至牵头，社区干部的部分时间和精力用于完成上级交办的行政任务，可能导致落实主业主责的时间、精力等不充分。此外，在工作任务与待遇对接中，存在“费随事转”落实不到位的问题，有些地方没有及时出台“费随事转”文件，各种事务的权责不够明晰。相关部门在给社区交办任务时，并未按要求给予经费、人力资源的保障，同时社区缺乏经费聘用社会工作者，变相导致了服务居民质量的下降，也影响了社区干部工作的积极性。

在整合社区资源方面，存在整合资源力度小，共建单位参与不到位，共治效果不理想的问题。目前，很多地方都探索实施了党员干部向居住地社区和所在工作地的“双报到”工作，但实际上，“双报到”工作未能达到预期的效果。在一些党组织“报到”效果较好的社区中，相关单位的介入确实帮助社区解决了一些实际困难和问题，但党员“报到”远未达到应有的效果，部分党员存在着应付思想，不但没有解决问题，反而加重社区

①《习近平谈治国理政》第三卷，北京：外文出版社，2020年版，第501页。

负担，徒增社区工作量，甚至在要求“盖项目完成章”时与社区还形成了矛盾。同时，部分社区对“双报到”工作不够上心，没有结合社区实际需要提供更加精准的项目。在这一问题上，社区党组织在基层社会治理中的核心地位没有真正体现：一方面，主观上不愿主动联系驻区单位，一些与居民联系较为密切的单位有意与社区进行合作共建，但缺少合适的项目和平台；另一方面，在客观上缺乏行之有效的统筹协调机制，即使建立了“大党委”制度，但仍然存在部分兼职委员只挂名不出征的问题。

三、党建引领基层社会治理的科学路径与实践创新

以党建推进基层社会治理创新需要在加强政治引领、提升组织化程度、注重人才队伍建设、落实简政放权等方面下功夫，从而提升党建引领力、支部战斗力和群众凝聚力，为社会治理集聚更多力量。

（一）强化组织建设，建立稳定的基层组织网络

网络体系建设是提升党建引领基层社会治理水平的关键。一是推动组织框架“系统化”。在现有组织体系的基础上，健全完善“街道党工委—社区党委—网格片区党总支—居民小区党支部—楼栋党小组”五级组织体系，推进党的组织向基层党建的“最薄弱环节”和党员“细胞”全面覆盖。整合商圈党建资源，强化商圈组织体系建设，在商圈小区、产业园区等“两新”组织集聚的地方，建立商圈综合党支部或综合党委，在老旧小区探索党建组织资源的共建共享。二是推动社区治理“网格化”。按照“尊重习惯、兼顾历史、规模适中、便于管理、无缝覆盖”的原则，依托综合街区、商务楼宇、商圈片区、居民小区等，对现有网格进行重新划分，在楼宇布“点”，使街巷成“线”，促小区成“网”，将社区治理由“大而全”变为“小而精”，推动社区管理服务资源向各个“网格”整合集聚。三是推进服务功能“配套化”。推进“三区三站三中心”建设，建立社区公共服务中心（社区党委工作站）、网格片区公益互助中心（片区总

支工作站）、居民小区公众活动中心（小区支部工作站），按照整体统筹、差异搭配的原则，将组织、卫生、民政、安检、公安等综合服务部门在“三区三站三中心”科学布局，让社区居民享受身边的智能服务。

（二）强化政治引领，进一步健全扮演治理主体角色的功能组织

在党建引领基层社会治理中，突出政治导向是核心，强化政治功能是关键。一是建好自治组织。逐步推进各小区建立业委会，强化小区党支部、小区业委会、物业服务公司“三方协调联动”，鼓励小区党支部书记担任业委会主任，在有条件的小区设立楼栋长、物管员、矛盾纠纷协调员。二是发展社区群团组织。要在社区组建社区工会，健全妇联组织和团组织，发挥群团组织在帮扶居民、支持居民就业方面的作用。通过联合职业技术学校、工会干校等方式，开辟就业技能网络培训、短期培训、专业培训等途径，免费为居民提供“订单式”服务，提高居民就业创业能力。三是壮大社会组织。按照相关要求，降低注册门槛，优化办事流程，支持社区单位、社会组织结合社区居民需要，孵化、培育、壮大一批“服务类、文体类、慈善类”社会组织，重点打造一批志愿服务团体、老年自助互助团体、心理咨询服务团体、义工维修服务团体，不断提高社区服务组织化程度，提升居民自我服务能力。

（三）加强基层党组织队伍建设，汇聚基层社会治理的人才力量

通过加强制度机制建设，拓宽选人用人渠道，为基层社会治理提供坚强的人才支撑。一是加强社区党组织带头人队伍建设。以县（市、区）为单位，建立社区党组织带头人后备人选人才库，按照政治素质高、群众威信高、统筹协调能力强、群众工作能力强的“双高双强”标准，强化人选审查选拔工作。坚持“内育”与“外引”相结合，优先从小区、网格片区、社区党组织的优秀党务工作者中择优选拔，或在口碑很好的退休干部、转业军人中重点培育。二是加强社区两委委员配备。采取“专职委员＋兼职委员”模式，吸纳退休干部职工、退休教师医生等作为专职委

员，吸纳辖区内机关、企事业单位、“两新”组织的优秀党员作为兼职委员，充实社区两委委员。推行“交叉任职、双向进入”制度，推荐物业服务公司负责人、业委会成员中的党员担任社区党委兼职委员。三是拓宽社区干部选育来源。实施“一社区一大学生”培养工程，采取到社区任职、挂职、实习等方式吸引高校在校（毕业）生到社区工作。推行“一社区一党建指导员”制度，选拔一批党建工作经验丰富的机关企事业单位党员干部到社区担任党建指导员。组织社区干部广泛参加社会工作师考试，取得资格证书，通过10—15年集中培育攻关，到2035年，逐步实现社区干部全部持证上岗。四是加强党员教育管理监督。重点开展“口袋党员、空挂党员、流动党员、失联党员”党组织关系排查，将党员入党信息、居住地址、联系方式等信息登记入库，进行台账管理。按“困难党员、流动党员、双报到党员、临时外出党员、日常固定党员”等类别实行党员分类管理。同时，兼顾不同类型党员的生产生活需要，创新“三会一课”、党员活动日等组织生活形式，提升组织生活的针对性和吸引力。

（四）加强制度建设，强化减负放权，形成权责规范的治理系统

“放权”“赋能”可以激发社区活力，释放治理潜能，提升基层社区整合能力和治理水平。一是推进社区“减负”。强化社区主业主责，取消社区承担的招商引资、协税护税等工作任务，着力整治社区检查考核评比、证明盖章过多过滥问题，建立居民群众满意、驻区单位满意的服务评价制度，推动社区集中精力抓党建、抓治理、抓服务。二是实行“清单”管理。健全社区工作“清单”制度，依法确定社区工作事项清单、负面清单、协助清单，上级部门不得把自己职责内的工作转接给社区，确需社区协助的人口普查、经济普查、城管执法、征地拆迁等事项，须经县（市、区）及以上党委和政府严格审核把关，并提供必要的经费和工作条件，凡没有明确的文件规定或没有落实“费随事转”的事项，社区一律不承担相关事项。三是着力放权赋权。按照“重心下移、权责一致”的原则，赋予社区党组织对职能部门“下沉”社区事项以及辖区内基层党建、公共管

理、公共服务、公共安全的统筹协调权，对社区“双报到”党组织和党员的评先选优、提拔任用以及涉及辖区内城市规划建设的建议权。

（五）提升服务品质，整合社会资源参与社会治理

以系统观念推进社区治理，需要为不同力量参与社会治理提供平台、机会和保障措施。一是健全政府购买服务机制。由政府设置购买社区服务的专项基金，通过委托、承包、采购等方式向市场主体、民办社工机构购买居民所需的养老、健康、护理等公共服务产品。建立由购买主体、服务对象及第三方组成的评审机制，评价结果及时向社会公布。加强跟踪监管，对购买服务项目进行动态调整，对承接主体实行优胜劣汰，使社区居民享受到丰富优质高效的公共服务。鼓励“两新”组织提供服务，支持金融机构、网络电信、供电供水供气等单位在小区设立便民服务网点，鼓励家政服务、家电维修、法律援助、心理咨询、快递网点等服务项目入驻小区。适合由社会组织提供的公共服务，采取市场招标的方式，交由社会组织承担，鼓励其为老年人、残疾人、困难群众提供生活服务。着力打造“红色物业”服务，构建党组织领导下的居委会、业委会、物业服务公司等多方联动的“红色物业”体系，实施“红色物业”双覆盖攻坚行动，不断扩大小区物业服务公司的党组织覆盖面和工作覆盖面。落实党的政策，开展党的活动，构建社区基层党建与物业服务管理有机融合机制，强化社区内服务资源的整合。二是充分利用现代信息技术，全面推进治理资源集约化。充分整合各级党建信息平台与政务信息平台、城市管理服务平台等，实现多网合一、互联互通，促进党建工作与社会治理服务深度融合。推广“互联网+党建”“智慧党建”等做法，利用大数据做好党建工作的分析研判。利用微信、微博、移动客户端等新媒体，开通“社区公众号”打造智慧平台，以“互联网+”的方式，创新社区服务机制，提高社区服务效能，把“微”服务融入每一个家庭，让辖区居民享受更多便利。在这一过程中，还需整合行政资源，以社区党组织为主导，建立开放性的互联互动纽带，通过签订共建协议、干部交叉任职、人才结对培养等措施加强

组织共建，通过共同开展活动、加强党员教育等方式推进活动共联，通过整合盘活驻区单位信息、阵地、文化、服务等实现资源共享。三是整合人力资源，推动志愿服务常态化。进一步深化“双报到”工作，动员社会各界人士加入志愿服务队伍，推行志愿者服务信息平台建设，推行社区志愿者注册制度，健全社区志愿服务网络，开展社区志愿和互助服务活动。将志愿服务与居民履行社会责任结合起来，推行公民履行社会责任“积分记录卡”，将志愿者每次进行的志愿服务记录在社会责任卡上，当服务达到一定次数，志愿者及其家人在年老时或其他需要帮助的情况下，可由社区协调享受公益的社会服务。

（六）落实相关制度，全面提升治理效能

推进基层社会治理现代化必须加强制度建设。一是落实基层社会治理的领导制度。落实城乡基层党建领导责任制，健全党委统一领导、党委组织部门牵头负责、有关部门和行业系统齐抓共管的领导体制和责任机制。各级党委要把城乡基层党建纳入整体工作部署和党的建设总体规划，定期专题研究，解决重点难点问题，主要负责同志要亲自谋划、直接推动，作为党委书记要紧抓基层党建述职评议考核重要内容。二是落实保障制度。健全财政投入保障机制，落实社区运转经费、党建工作经费、服务群众专项经费、服务设施和社区信息化建设经费，同时，采取社区集体经济自筹、共驻共建单位支持、街道和党费奖补等方式予以补充。加强新建住宅小区无偿配建社区综合服务设施监督实施力度，对老旧社区通过调剂闲置国有资产等方式提升社区场所阵地服务承载能力。完善政策制度，以县（市、区）为单位，立足实际制定《小区（业主、居民）议事规则》《居规民约》《物业管理服务公约》等规章制度，明确规范社区、物业服务公司、业委会之间的权责关系，做到有章可循、有规可依。三是突出绩效管理，以创新治理项目推进基层社会治理。从组织建设、队伍建设、阵地建设、制度建设、经费保障、共享共建等方面设计量化指标，构建党建引领基层社会治理指标体系。对社区党建实行年度考核和预警管理制度，开展党建

引领城乡基层社会治理星级评定，对战斗堡垒作用发挥好、组织运转有序、推进基层治理作用明显的社区党组织进行奖补。完善社区干部绩效管理办法，以县级财政为主，设专项资金，先期可在有条件的地区试点，参照公务员或事业单位人员绩效管理办法，科学设计基本指标和奖励性指标，每年对社区干部的德、能、勤、绩、廉进行评议和考核，将评议和考核结果作为社区干部绩效报酬发放和选拔任用的重要依据。建立符合社区干部特点的薪酬体系和绩效奖励体系，健全社区干部职业体系，设立岗位等级序列，形成正常增长机制，鼓励推行社区党组织书记和居委会主任"一肩挑"。此外，还需要开展示范创建行动，从组织建设、队伍建设、阵地建设、服务能力建设、信息化建设、制度建设等方面，细化培育措施和支持举措，积极推动实施"一社区一对策"，每年培育打造1—2个"标准化基层社会治理示范点"，鼓励社区开展示范评选活动，推动打造"一社区一精品"。

第二节　城乡基层社会治理中的"枢纽型"社会组织建设

社会组织是中国的行政建设与中介领域的权力变迁的重要力量，也是推进基层社会治理创新的关键力量。通过建立一个"牵头抓总"的组织将社会组织整合起来，形成一个社会组织"枢纽"，有助于在党委、政府与各类专业性公益类社会组织之间建立联系，提升治理效能。在实践过程中，由于各地社会组织发展情况不均衡，对社会组织承担"枢纽"功能的认定不一，本书根据研究需要，将工会、共青团和妇联等群团组织作为研究对象。

工会、共青团、妇联是中国共产党和人民政府联系群众的桥梁和纽带，是各层次利益的代表，是由特定群体组成的特殊社会组织。刘海春（2013）认为，工会、共青团、妇联是党依靠和联系群众的社会组织，都担负着光荣而艰巨的政治使命，在构建"枢纽型"社会组织的过程中要注意信息联通、资源联享、工作联动，形成一个以群团组织为枢纽，以相关社会组织为网络的社会服务体系，最大限度地凝聚社会力量、整合社会资源，协同建设一个和谐社会。张琼、齐源（2013）认为，工会枢纽型社会组织建设，就是要求工会实现工作内容上由碎片化向项目化转变，工作理念上由传统的行政主导向市场和行政方式并重转变，工作方法上由工会“单枪匹马”向整合资源、各方联动配合转变。王川兰（2021）认为，枢纽型治理是基层治理创新的重要形式，枢纽型组织处在政府与社会（组织）的“中间层”，通过改善政社关系各要素间的连结方式和组合形态，形成了不同于“嵌入”模式和“吸纳”模式的“双面胶”模式。

近年来，各地的群团组织网络体系建设成效明显，已在企事业单位、社区、社会组织建立了群团组织，群团组织推动社会治理创新的积极作用与服务功能也日趋显现。但随着改革的推进，社会的分化和社会结构的变迁，公民需求和社会矛盾都呈现增长的趋势，政府所提供的公共服务很难满足公民多样化的需求。这就要求社会组织积极参与社会治理，发挥其在公共服务供给以及矛盾化解等方面的重要作用。

一、“枢纽型”社会组织建设的必要性

“枢纽型”社会组织理论源于葛兰西的公民社会理论和博兰尼的能动社会理论。所谓“枢纽型”社会组织，就是根据社会组织的类别、性质、领域将功能相同的社会组织联合起来，在政府相关管理部门和社会组织之间，形成一个社会组织联合体，以服务于不同地域、不同系统、不同领域的社会组织。“枢纽型”社会组织具有排他性、整合性和非政府性等特征。“枢纽型”社会组织参与社会治理是非常必要的。涂尔干认为，政治疾病同社会疾病的共性就是缺少能将个人与国家连接起来的次级组织。当社会成员之间缺乏沟通的中介时，就会出现“跨部门、跨层级、跨区域”的棘手问题和碎片化现象，社会出现“断裂和失衡”的可能性剧增，这时应促进“枢纽型”社会组织等次级组织与政府之间的沟通。自党的十八届三中

全会以来，在社会治理体系中，群团及社会组织的责任被重新定位。十八届三中全会通过的《中共中央关于全面深化改革若干重大问题的决定》（以下简称《决定》）明确指出，要改进社会治理方式，坚持系统治理，加强党委领导，发挥政府主导作用，鼓励和支持社会各方面参与，实现政府治理和社会自我调节、居民自治良性互动。要激发社会组织活力，正确处理政府和社会关系，加快实施政社分开，推进社会组织明确权责、依法自治、发挥作用。适合由社会组织提供的公共服务和解决的事项，交由社会组织承担。同时，《决定》还指出，要充分发挥工会、共青团、妇联等人民团体作用，齐心协力推进改革。此外，党的十八届三中全会在“经济建设、政治建设、社会建设、文化建设、党的建设”方面都明确提出了社会组织在全面深化改革中所承担的社会责任。2015年7月，中共中央印发了《关于加强和改进党的群团工作的意见》，并召开了中央党的群团工作会议，对新时期群团工作在社会治理中的定位，以及群团组织参与社会治理的路径、方式、目标都做了明确的安排，指明了群团组织未来发展的方向。党的十九大报告指出，“加强社区治理体系建设，推动社会治理重心向基层下移，发挥社会组织作用，实现政府治理和社会调节、居民自治良性互动”。党的十九届四中全会指出，“发挥群团组织、社会组织作用，发挥行业协会商会自律功能，实现政府治理和社会调节、居民自治良性互动”，为群团组织参与社会治理创新提供了理论和政策支撑。

目前，北京、广东、上海等发达地区“枢纽型”社会组织建设推进情况较好。李璐（2012）研究了北京市“枢纽型”社会组织管理的分类负责模式。她认为，对同性质、同类别、同领域的社会组织进行的“枢纽式”管理，实际上是在党和政府与社会组织之间搭建一个“民管民”的组织平台。陈佳俊、杨逢银（2014）以上海市静安区社会组织联合会为例，研究了社会转型背景下“枢纽型”社会组织功能定位，认为“枢纽型”社会组织充分发挥了政治引领、社会服务、业务管理、沟通桥梁等功能，其在社会组织管理中的功能定位对于促使政府从主导角色向引导角色转变，增进社会与政府的有效互动，推进社会平稳转型发挥了重要作用。

丁丁（2021）以浙江省新昌县南明街道社区社会组织联合会为例，剖析了因制度建构缺乏导致的“枢纽型”社会组织存在公共性、公信力、独立性、专业性不足的问题，需在政府支持的前提下，进一步明确个人理性、公众参与、权变绩效等制度形成的要素，以支持“枢纽型”社会组织的发展。

二、“枢纽型”社会组织发展面临的困境

“枢纽型”社会组织在东部发达地区发展较好，在社会治理中起的作用较大。但在欠发达地区受传统思维的制约，人们没有全面认识群团组织的网络组织功能、公共服务供给功能，以及化解社会矛盾的“安全阀”功能，造成群团组织地位的“边缘化”。

（一）对群团组织参与社会治理的认识不够

一段时间里，党委、政府对群团组织的工作只是定位在“拾遗补阙、救急救难”，不能正确把握群团组织工作现状和社会治理需要，个别领导干部甚至视其为对自身权力的挑战，造成社会组织特别是基层群团组织地位和工作的“边缘化”。而随着社会经济的快速发展，人口流动增加、需求增多与需求不能被满足所形成的“社会张力”越来越大，仅靠政府的行政力量已不能满足群众的多样化需求。这一现状迫切需要包括群团组织在内的各类社会组织协同基层党组织参与社会治理，并为社会组织开展工作和活动创造条件、营造环境、解决困难、提供保障，使社会组织联系和服务群众的领域不断扩大，服务质量更优。

（二）公众对群团组织参与社会治理的认同缺失

自改革开放以来，我国逐步实现了社会治理主体由传统的“一元”治理向多元主体的转变，但社会治理总体格局的变化，并不意味着社会共治新理念已深入基层治理实践。在欠发达地区的社会治理中，党委、政府对

社会的长期全面管控和社会组织的“缺位”，导致大多数社会成员对党委、政府有根深蒂固的依赖心理，对其他主体参与社会治理和社会服务缺乏基本的认同、信任和信心。现在“有问题找政府”和“等、靠、要”思想在社会中仍普遍存在，有的社会成员甚至把社会组织出面解决问题，看成政府推诿塞责的体现，盲目加以抵制。

（三）群团组织参与社会治理的网络不健全

目前，基层群团组织的建设发展还不均衡，专职化基层群团干部队伍建设推进缓慢，导致基层群团组织参与社会治理的网络不健全。其主要原因是政府对工会、共青团、妇联的基层群团组织建设支持不够，没有建立政府与群团组织联席会议制度，没有把它作为推动参与社会治理的重要渠道。同时，在制度设计上缺乏保障，不利于条块结合、结构合理、功能完备的基层群团组织网络的形成。

（四）群团组织自身能力建设亟待加强

在基层社会治理实践中，群团组织自身能力与当前改革赋予群团组织的责任不匹配，亟待加强。一方面，群团组织自身工作条件缺乏保障，除了能够满足日常的办公条件外，“职工书屋、职工之家、妇女儿童之家”建设滞后。以达州市为例，各县级单位只有一个大型的群团服务场所，部分乡镇、社区群团组织没有固定的办公地点和服务场所。另一方面，队伍建设力度不够，面临日常管理人员老龄化和社会化的专业工作队伍缺乏两个问题。除团委之外，其他群团组织都面临一定程度的人员老龄化问题。群团工作涉及法律、思想政治教育、社会工作、心理辅导等方面的知识，在实际工作中需要具有一定素质和经验的人才参与工作，而社会化聘用工作人员的机制又没有放开，没有出台《社会工作者聘用和发展的实施指导意见》，专业化的社会工作队伍建设滞后，造成群团组织人员紧缺。

（五）群团组织的工作资金不充足

资金不足是多数的群团及社会组织共同存在的问题。政府对社会组织的资金支持非常有限，造成乡镇（街道）、社区等基层群团组织专项工作经费和基层社区群团干部的待遇落实均不到位。加之，一些欠发达地区的企业、公民的捐赠能力和捐赠意识不强，社会筹资渠道偏窄，受这些因素的影响，群团及社会组织普遍面临资金困境。经研究发现，“资金缺乏”被列在群团及社会组织面临的诸多困难之首，资金缺乏同时也是造成如缺乏活动场所、办公设备和人才等问题的根源。

（六）政府购买社会服务工作推进缓慢

在西部地区，很多城市的“政府购买社会工作服务”工作开展较晚，项目涉及范围较窄，对基层社会治理急需的社会工作专业培训、老年人团体活动项目不多，针对老年人、残疾人、留守儿童的社工服务档案建设及高校社工介入社区服务工作模式的探索创新等项目开展较少，残障等弱势群体所需的个性化服务购买力度不够，远远满足不了居民对多样化、高质量社会服务的需求，也不利于群团组织“枢纽”作用的发挥。当前，急需建立健全政府职能转移、购买服务的准入机制、定价机制、监管机制、评估机制，推动政府向社会组织购买社会服务的进程。

（七）群团组织在社会治理中“枢纽”的作用发挥不明显

“枢纽型”社会组织要具有“服务”“引领”的功能。在服务功能的发挥上，群团组织基本上是接受“行政化”的安排。“行政化”既是群团组织的优势，又可能阻碍群团组织在社会治理中作用的发挥，以往的群团工作多是“行政化”指令安排，在完成“行政化”任务的同时又服务了职工群众。而作为“枢纽型”社会组织，群团组织既要直接为特定群体服务，又要引导相关社会组织参与社会治理，为社会组织提供人员培训、制度建设、绩效评估的服务。但事实上，很多基层群团组织在这些方面的作用发挥不明显。

三、“枢纽型”社会组织参与社会治理创新的路径选择

在基层社会治理中，为了进一步发挥群团组织参与社会治理的作用，建立符合实际需要的“枢纽型”社会组织，必须推进体制机制创新，精准定位群团及社会组织的责任，提升各群团及社会组织的角色意识和功能意识。

（一）转变政府职能，支持群团组织参与社会治理创新

发挥群团组织在社会治理中的“枢纽”作用，转变政府职能是根本。在基层社会治理中，积极贯彻落实《关于加强和改进党的群团工作的意见》和党中央的群团工作会议的精神，健全组织制度，完善工作机制。各级党委、政府要强化对群团组织发展的思想认识，推动政府职能的转变，把群团工作列入重要议事日程，放到党委和政府的整体工作中统筹安排，定期听取群团组织的工作汇报，为群团组织发展提供政策支持，把群团组织参与社会治理与创新工作纳入党委、政府的目标考核体系，指导群团组织把握正确的政治方向，支持工会、共青团、妇联组织按照法律和各自章程独立自主地开展社会需要、基层欢迎、群众拥护的工作和活动。同时，不断增强群团组织自身的吸引力和凝聚力，进一步提升群团组织在社会组织中的引领力和支持力，把群团组织打造成联系政府和社会的重要纽带，推动社会由“强政府、弱社会”向“有能力的政府、有能力的社会”过渡；要积极组织区域内社会组织相互间的交流合作，推进资源共享和信息互通，为社会组织参与社会治理提供支持。

（二）加强群团组织参与社会治理的制度机制建设

发挥群团组织在社会治理中的“枢纽”作用，制度机制建设是关键，要通过制度建设，明确群团组织在社会治理体系中的定位，扩大群团组织

的管理服务范围，建立群团组织与政府沟通协调的日常机制。各级党委、政府要按照中共中央《关于加强和改进党的群团工作的意见》的要求，建立政府与群团组织的联席会议制度，从制度安排和政策上保障联席会议制度落实，积极建立群团组织与政府部门、人大和政协专门委员会协调会议机制，把推动建立政府与群团组织联席会议制度作为群团组织参与社会治理的重要渠道，加强协商，注重从制度上强化和保障民生。各级党委、政府可以在固定的实践专题上研究解决群团组织反映的事关群众切身利益的重要问题，落实专题议事机制，针对群众关注的热点难点问题，合理确定议题，并做到在会前将拟好的议题（草案）与政府有关部门进行有效协商，结合有关部门的反馈情况进行修改和完善。群团组织对协商议题的结果形成纪要，认真督查落实，使政府通过群团组织及时听取群众的意见、要求和呼声，努力做好党和政府管理社会事务、发展经济和社会事业的有力助手。

（三）加强群团组织网络体系建设

发挥群团组织在社会治理中的“枢纽”作用，网络体系建设是核心。各级群团组织围绕抓基层、强基础、激活力的要求，不断提高群团组织群众化、群团工作社会化、群团重点工作向基层延伸的能力和水平，构建群团组织参与社会治理的社会网络，丰富群团及社会组织的社会资本。推动有效的“横向”和“纵向”联合。在横向上，采取“1+X”的模式，“1”可以是群团组织联合会，亦可以是群团组织联席会；“X”指的是工会、共青团、妇联等群团组织；“1”是属于区域内的枢纽型社会组织，“X”是属于领域、行业类的枢纽型社会组织，“1+X”称为混合类枢纽型社会组织，推动群团组织之间的资源和服务整合。在纵向上也采取“1+X”的模式，“1”是工会、共青团、妇联等群团组织作为领域内的枢纽型社会组织；“X”是属于不同行业的工会、共青团、妇联等群团组织和社会组织，是“1”的会员单位，这就有力地推动了群团及社会组织的资源和服务整合。

在群团组织网络体系建设中，要不断加强基层群团组织网络体系建设。推动企业、社区等薄弱区域和新经济组织、新社会组织等新兴领域的工建、团建和妇建工作，努力使群团组织网络和工作延伸到社会各个阶层、各个领域，切实把所联系的群众组织动员起来，进一步巩固和扩大党执政的群众基础。各级工会组织还可以按照“两个普遍”的要求，在企业普遍建立工会组织，并将工会组织延伸到社区。通过基层工会组织把在职职工、下岗职工、流动农民工的力量集聚起来，发挥工会整合资源的优势。要通过争取有利的政策及自身努力，赢得基层工会发展的良好社会生态环境，提高基层工会的社会动员能力，以及在我国政权建设中的参与能力。共青团、妇联要努力推动高校、大型企业等建立妇联、青联组织的联合，并积极在社区广泛建立青年社团，扩大共青团组织的覆盖面。妇联可以通过重点抓好社区、新经济组织、新妇女阶层和社会群体妇女组织的组建，建好自身网络体系。

在网络体系建设过程中，建设一支社会化的专业社会工作者队伍尤为重要。通过招聘社会化工会工作者和建立志愿者调度平台，建设一支知识结构合理、专业化程度高的社会工作者队伍，从心理、法律、生活、就业等方面为职工提供有针对性的个性化服务。社会组织可以通过“借智借力”，积极吸纳社会精英参与到职工、妇女、青年、残疾人的维权，基本理论研究和宣传中去，发挥社会精英集聚社会资源和处理基层矛盾的优势，提高社会组织的服务能力。

（四）强化群团组织服务阵地建设

发挥群团组织在社会治理中的“枢纽”作用，服务阵地建设是基础。积极推进和加强群团服务中心建设。群团服务中心是指工会、共青团、妇联等群团组织，为社会组织和群众提供多方位服务的机构。2014年，四川省开展了群团服务中心建设的探索，服务中心下设综合部、服务部、项目部三个部门，服务中心主任由群团部门相关负责人轮值担任。服务中心的主要职责是为社会组织和志愿者提供法律和政策咨询、培训交流等服务，承接并发布政府委托群团组织购买的社会服务项目，提升群团组织参与社会治理水平和服务群众能力。在西部欠发达地区，群团服务中心应在必要的调研、论证的基础上，参照人口比例、资源禀赋、服务能力等因素，分层次、分类别地开展建设，可在大型社区建立群团服务中心示范点，确定目标责任制，制订全市群团服务中心发展规划。在此基础上，加强群团服务中心与民政等政府部门的协调联系，通过搭建平台，积极推动跨界合作，促进群团组织、会员单位、政府部门之间的沟通，为群团服务中心配备专门的管理人员，也可以聘请离退休人员、社会化的社会工作者到群团服务中心工作，鼓励社会组织积极承接群团服务中心的服务项目。积极整合社会组织的社会资源，使不同类别的群团与社会组织之间互助互惠，资源嫁接，合作联动，优势互补，拓展政社合作的领域，解决群团组织参与社会治理中的实际困难和矛盾。在农村社区还可以探索建设儿童之家，按照国务院《关于加强农村留守儿童关爱保护工作的意见》，将儿童之家、青少年服务中心建设纳入民生工程，坚持“依托学校，探索社区，覆盖农村”的发展思路，对儿童之家、青少年服务中心的功能设置、建设标准、规范管理、人员配备等方面都做出明确规定。在有条件的城市社区建设青少年服务中心，并积极推行高校与社区共建模式，为青少年服务中心配备电脑、电视、图书室、亲情电话，建立“心理聊吧·关爱之家”，免费向在家托管的儿童、单亲家庭青少年、留守儿童、残疾儿童开放。

（五）拓宽群团组织的资金来源渠道

发挥群团组织在社会治理中的“枢纽”作用，资金是保障。通过积极推动群团服务改革，使之能够满足政府购买服务的需要。在政府投入上，通过制订政府购买群团组织公共服务规划，探索建立政府购买社会化服务、委托群团组织承接社会公共事务的机制，制订政府群团及社会组织购买公共服务清单，加大政府向群团组织购买公共服务的力度，明确群团组织承接公共服务和公益事业的具体事项，赋予相应职责，加大经费预算支持。在购买服务清单中，可以把职工书屋，职工之家，青少年、妇女儿童教育活动场地设施的兴建和改造列入本地区“十四五”城乡建设总体规划或经济社会发展总体规划，在资金投入上给予支持。研究制定鼓励群团组织开展社会化服务的激励政策，按照中央改革要求，把更多的社会性事务交给群团组织。由政府牵头，建立第三方监督机制，加强监督管理，不断完善和提高群团组织服务群众、服务社会的手段和能力。在筹资渠道上，可以探索建立社会化筹资模式，建立网络社会公益平台，积极运用现代技术发展公益事业，鼓励职工群众结合自身实际开展针对困难职工、留守妇女、留守儿童的微型公益事业，扩大群团组织帮扶工作的覆盖面。群团组织还可以采取委托或设立基金会等形式，提升群团组织吸收和利用社会资源的能力。通过企业捐资、提供公益岗位，建立由捐资人、捐资企业命名的基金会，积极开展大型职工群众文化活动的冠名等方式，邀请企业投资、冠名，实现企业宣传与群团服务工作的双赢。鼓励公民、社会团体积极投身群团服务工作，拓宽渠道吸纳社会捐资，为群团组织提供更多的支持，提高不同社会主体的社会责任感。

（六）强化群团组织在社会治理中的牵引作用

充分发挥群团组织社会网络较健全、社会资本较多、行政和社会基础较好的优势，厘清责任边界，明确功能定位，积极推进群团组织服务工作的去“行政化”。在功能发挥上，通过建立以群团组织为主的社会组织联合会的方式，把群团组织打造成整合各类社会组织资源的“枢纽”。群团组织主要负责管理与服务项目的获得，次级社会组织在群团组织和相关部门的监督下提供社会化服务。次级社会组织不是政府的派出机构，更不能被打造成“二政府”。次级社会组织要在群团“枢纽型”社会组织运作中，切实实现行政化的管理与社会化服务良性互动。

在社会治理中，还需积极发挥群团组织的“引领”作用。“引领”是构建“枢纽型”组织的目的，“服务”是“引领”的前提。群团组织要发挥其优势，积极推进社会组织参与社会治理的“孵化园”建设，加强对社会组织“孵化园”的指导，根据不同地区经济社会发展需要，重点培育、优先发展公益慈善类社会组织、行业协会、民办非企业单位、学术性社团和城乡社区社会组织。按照“政府政策支持、社会力量兴办、专业团队管理、政府和公众监督、公益组织受益”的发展模式，通过依托政府的扶植和监管，以市场化运作为主要手段，推动社会组织参与社会治理的规范化发展，引领各类社会组织在发展过程中以一种有利于社会治理的方式运转，把社会组织培育成为社会个体交流感受、诉说委屈、发泄情绪、表达意愿的良好平台，让社会成员及时、适当地发泄不满情绪或不同意见，防止社会矛盾冲突的长期压制、聚集甚至爆发，起到聚合利益、反映诉求、提供服务、规范行为的积极作用。

（七）强化群团组织在重点领域为重点群体服务功能

在群团“枢纽型”社会组织建设的过程中，建立“党委领导、行政支持、群团参与运作”的维权格局，完善全方位、多层次的利益表达机制显得尤为必要。在欠发达地区，可以根据外出务工人员从事的职业多为建筑业、服务业等劳动密集型产业的特点，重点解决这些行业的维权问题。基层群团组织要主动承担起指导本地企业组建工会和组织农民工加入工会的责任，按照“组织起来，切实维权”的工会工作方针，把组织农民工加入工会作为一项重要工作，最大限度地把农民工组织起来，逐渐形成区域内企业工会定期主动向企业党委和上级工会汇报制度，定期与企业行政部门召开联席会议制度，就企业出台的规章制度、职工群众需求等进行通报沟通，并提出工会对维护农民工合法权益的建议和主张，使相关部门和企业及时了解区域内流动的农民工的意愿和要求，形成工作合力，推动维权工作的开展。对于区域外流动的农民工，可积极与劳务输入地工会建立联动维权机制，发挥工会信息员的作用，向务工人员及时宣传政府的重要工作部署、经济发展形势，以及与工会工作有关的政策措施，通报相关部门涉及职工切身利益的重大决策、规章和重要部署，以及工会围绕大局开展工作的有关情况，并在此基础上研究涉及包括农民工在内的职工利益和工会工作有关的突出问题（图2–1）。

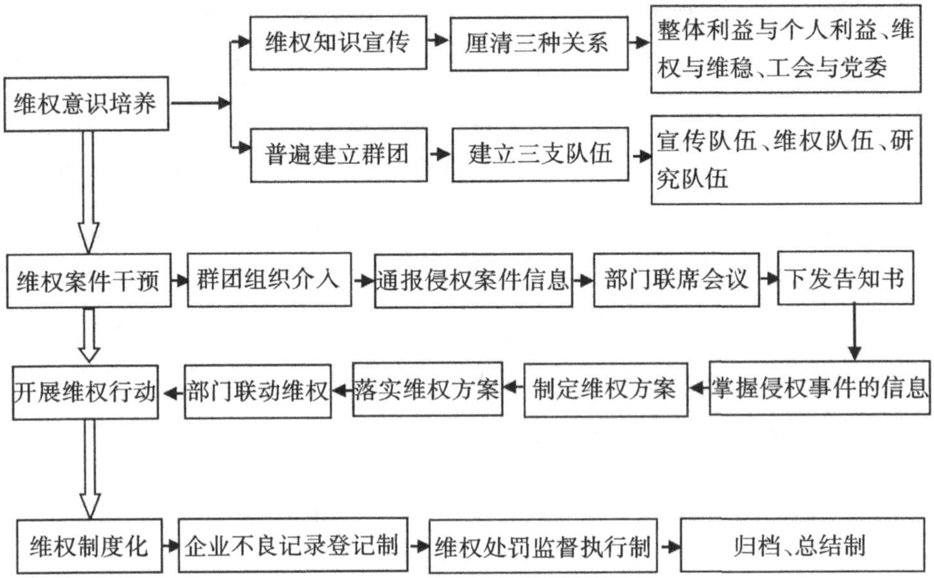

图2-1　群团组织维权工作的基本思路

（八）建立特殊人群的关爱机制

群团组织要发挥自身优势，建立关爱孤儿、残疾儿童以及受艾滋病影响的妇女儿童体系。坚持“主动救助、儿童优先、教育矫治”思路，增加孤儿养护和残疾儿童康复的专业服务机构数量，提升孤儿养育标准以及机构内、散居孤儿养育标准，切实保障其生存、受教育、发展等基本权益。积极开展针对受艾滋病影响的妇女儿童的社区关爱项目，对受艾滋病影响的妇女儿童生活的状况进行调查摸底，开展儿童交流活动、心理支持、生活技能培训和寄养家庭人员培训，实施分类救助，提高服务的针对性，保障特殊群体的基本权益。积极争取党委、政府的重视和支持，加大政府预算资金支持，完善特殊人群帮扶工作机制，纳入当地经济社会发展总体规划，帮助解决特殊群体的实际困难和问题。加强相关经费的监管，对经费的来源、用途、报销程序和监督进行详细规定，并定期开展审计，以防截留、挪用专项资金现象的发生。倡导企业将关爱特殊群体工作作为履行企业社会责任的重要形式，通过企业捐资、提供公益岗位，为特殊群体提供更多的就业支持。

（九）建立健全工资集体协商机制

各级工会组织应依据《保障农民工工资支付条例》，把维护职工的合法权益摆在工作的第一位，突出维护职工的收入分配权益，大力推行工资集体协商制度，确保职工的工资收入定额、按时发放。基层各级工会可以在所辖区的建筑企业开展农民工工资集体协商试点，由工会组织农民工与企业方进行工资协商谈判，督促企业依法规范与农民工签订劳动合同，并全程监督劳动合同的续订、变更、解除和终止等各个环节的工作，采取措施制止不与农民工签订劳动合同以及劳动合同文本不规范的现象发生。政府和相关部门要切实履行职责，积极推动工资集体协商，建立农民工工资支付保障联合执法平台和政策支持平台，由各级人民政府和相关执法部门及其他有关部门共同采取措施，协调处理拖欠、克扣农民工工资等问题。各级政府和相关部门要发挥合力、上下联动、同级联动，在各自职权范围内做好职工工资支付保障工作。加强《民法典》等法律法规的宣传，推动有关工资集体协商的法律法规的落实，对拒不开展工资集体协商或违约的行为要坚决予以处罚。

（十）建立保护妇女儿童权益的合理体系

在实践中，坚持以提升妇女素质为重点，建立保护妇女权益的合理体系。推动妇联组织、人大女代表、政协女委员的参政议政，准确表达妇女的合法权益，推动政府关注妇女工作，提高妇女对社会政策的影响力。西部地区的很多城市都是农业大市和劳动力的重要输出地，妇女“留守”现象较为突出，为保障妇女权益，群团组织要积极搭建妇女创业的平台，加快推进妇女专业经济合作组织建设，通过岗位培养、技能培训、发放小额贷款等方式推进妇女创业。大力开展弱势群体的帮扶活动，促进妇女儿童的基本权益得到保障，做好农村社区失地妇女、留守儿童的日常关照工作。积极为妇女、儿童开展心理咨询、法律援助，提升妇女儿童的心理健康水平。群团组织要积极协助相关法律部门，做好留守儿童的社区矫正工作，对留守儿童、孤儿进行重点帮扶，成立针对留守儿童社区矫正工作的领导小组，将留守儿童的教育纳入法治工作宣传的重点。各级团委、妇联要积极整合学校、社区、社会组织等社会资源，构建“学校、家庭、社会”三位一体的社区矫正网络，形成全社会共同帮扶矫正的氛围。

第三节　城乡基层社会治理中的协商民主发展

社会主义协商民主是我国人民民主的重要形式，是我国社会主义民主政治的特有形式和独特优势。在推进国家治理体系和治理能力现代化的框架下，通过完善协商民主制度和工作机制，推进协商民主在基层的广泛、多层次、制度化发展，可以优化基层社会治理结构，提升基层社会治理效能。其中，用协商民主理念指导基层社会治理，推进协商民主与基层民主的有效衔接也可视为这一治理思维在基层的有益尝试，丰富了基层社会治理能力和治理体系现代化的理论实践内涵。

面对基层社会矛盾，传统的治理模式因治理主体“单一”，不能调动广大社区居民参与基层社会治理的积极性，无法满足基层社会治理和社会发展的需求。运用协商民主的理念，调动广大社区居民积极参与城乡基层治理，有助于保障社区居民的参与权、知情权、监督权等基本权益，提升了社区决策的合法性和集体约束力，降低了决策失误引发的风险，减少了社区矛盾纠纷，有利于社区治理过程中各利益主体的利益均衡，为依法治理、乡村振兴打下了坚实的基础。

一、协商民主理论的起源和协商民主制度在我国的发展

协商民主的思想源于西方社会，西方社会的民主形式主要有竞争性民主、自由型民主和协商式民主，但前两种民主形式受操纵性利益集团的影

响较大，很难实现全民参与以及真正的社会公平。自1980年以来，西方理论学者开始关注以自由、平等为主题的协商式民主（deliberative democracy）的研究，旨在提升地方治理水平。在这种理念的指引下，以理性决策为可信价值的协商民主理论受到理论家和公民的普遍认可，它倡导社会多元主体在自由、平等、公开的理念下理性地去决策社会事务。这一理论的代表人物有哈贝马斯、科恩、詹姆斯·博曼、威廉·雷吉。尤其是哈贝马斯提出的“协商民主的三种规范”对我国学术界影响最大，他认为民主的多数原则不能完全体现民主的精神，协商民主因其参与形式和参与主体多样化，可以使利益相关者对其关心的社会事务进行面对面的沟通和交流，这种形式是提高政策合法性的主要方式。

21世纪初，有关协商民主的理论研究开始进入国内学术视野，国内学者把它翻译为“商谈民主”“商议性民主”“协商民主”，经学者研究发现，“协商民主”更能体现这种民主形式。党的十八大报告首次提出并系统地论述了健全社会主义协商民主制度，阐释了“协商民主”的制度内涵，并在此基础上确立“社会主义协商民主制度”概念，并规划和部署了“健全社会主义协商民主制度”[①]。党的十八届三中全会提出推进协商民主广泛多层制度化发展，进一步推动了社会主义民主问题的实践创新和理论创新。党的十九大报告将协商民主作为实现“党的领导的重要方式”，并将“统筹推进政党协商、人大协商、政府协商、政协协商、人民团体协商、基层协商以及社会组织协商”作为推进社会主义协商民主七种制度化的组织形式。综上所述，社会主义协商民主是在中国共产党领导下，围绕涉及群众利益的各种问题，在人民内部进行多层次、全方位的广泛协商，达成社会共识的民主过程。

习近平总书记指出：“人民群众是社会主义协商民主的重点。涉及人民群众利益的大量决策和工作，主要发生在基层。要按照协商于民、协商为民的要求，大力发展基层协商民主，重点在基层群众中开展协商，凡是涉及群众切身利益的决策都要充分听取群众意见，通过各种方式、在各个

① 郑万通：《协商民主是推进政治体制改革的丰硕成果》，人民日报，2012-11-28。

层级、各个方面同群众进行协商。”[①]协商民主强调协调、商量、和谐，优于只讲竞争性、对抗性、排他性的西方民主。中国特色社会主义协商民主具有协商民主的一般含义，但与国外倡导的协商民主有着明显的不同甚至本质的差别[②]。从理论和实践层面上来讲，可以依据现实的需要科学划分国家的、区域的、基层的民主协商，将社会主义协商民主制度构建成一个更为广泛、多层的制度体系，并在国家治理体系和治理能力现代化的框架下，提升协商民主的系统性、多层次性、多元化。

社会主义民主政治最主要的实践“场域”在基层，民主成果的经验总结和转化同样离不开基层。持续地推进不同类型的协商与基层协商的有效衔接，可以更好地在尊重差异、承认多元的基础上充分发挥不同类别协商的优势，整合各阶层、各党派、各界别、各群体利益诉求表达的平台，推动基层民众更有效地表达自身的政治诉求和利益诉求；可以更好地推进“坚持党的领导、人民当家作主、依法治国有机统一”在基层落地生根，既符合社会主义民主政治的本质要求，又可以满足“人民日益增长的美好生活需要”，最大限度地激发群众的政治参与热情，为社会主义民主政治建设提供不竭动力。

二、协商民主思想在社区治理中的运用与特点

（一）协商民主思想在社区治理中的运用

20世纪70年代韩国进行了“新村运动”。“新村运动”初期韩国采取了政府主导型的统筹城乡的途径，农村得到了迅速的发展。而从20世纪80年代开始，政府逐渐减少对“新村运动”的干预，鼓励民间参与“新村运动”，“新村运动”逐渐由政府主导转向“民间主导＋政府支持”的模式，韩国农村居民积极参与推进了乡村治理的发展。日本采用职业技能培

① 《十八大以来重要文献选编》中，北京：中央文献出版社，2016年版，第78页。

② 郑万通：《协商民主是推进政治体制改革的丰硕成果》，人民日报，2012-11-28。

训的方式培训农民，提升农民参与治理的能力，鼓励农村居民协会的发展，为农村居民建立了独立的金融系统、完善的管理体系和社会化的服务系统。美国通过健全法律体系，发展农业教育，建立农业科研与推广体系，加强政府的农业投资等措施，提高了社区居民协商议事、参与治理能力。瑞士通过构建与城市相同的治理、服务和基础设施体系，主张按照居民意愿处理社会事务的措施，让居民在决策中有更多的发言权和自主权，创造了简单化社区协商治理的典范。

协商民主的思想在我国基层社会治理中有着丰富的体现，如民情恳谈会、民主恳谈会、民主理财会、居民议事会、社区事务协调会等。四川省政协出台了《关于在部分县级政协开展“有事来协商”平台建设试点的工作办法（试行）》，通过建立完善工作平台、制定完善基层政协协商工作标准和规范、完善成果评价和转化机制等方面的重点工作，对协商主题确定、协商频次确立、协商参与主体行为规范等9个方面提出了具体的要求，探索每年至少召开两次专题议政性常委会议，举办4次有主席会议成员、党委政府领导参与的协商活动，并开展“X”次密切结合当地实际、突出界别特色、有基层群众参与的形式灵活多样的“2+4+X”小微协商体系。

D县在具体协商实践中，将“遇事多商量、有事好协商”社会主义协商民主理念融入基层社会治理中，并在有条件的乡镇成立委员履职小组，村（社区）成立“院坝协商”联络点，提升了政协协商的社会参与度，打破基层协商“建议止于批示”的怪圈，打通了基层协商的“最后一公里”，提升了基层治理的科学化水平。

N社区注重利用现代技术探索社区的“微协商治理”模式。社区积极推行网格化管理，由10名社区工作人员分别联系1个物业管理公司、6个业委会、4个楼院自治小组、14个单位家属院、35个“三无楼院”，在商户集中的商业街区建立微信群，动员社区居民应入尽入，强化微信群的管理，由企业经理、居民业委会主任、党小组组长、楼栋长等担任群主，定期围绕社区治理中居民关心的事项开展讨论，并及时收集居民反映的问题，开展一对一精准解答、精准服务，及时回应居民诉求，为居民排忧解难，通过协商增强了社区的凝聚力。

C社区创新“四位一体”的民心工作内容，用协商民主理念推动了“参与—回应”式的社区治理实践。在社区治理中，注重社区干部和社区居民的管理和参与能力的提升和培养，积极推动社区参与式治理制度化，形成了以“感恩教育聚民心、代办代诉暖民心、阳光议事赢民心、预防管理安民心”为主要内容的“民心工作法”。通过在社区居民中开展“良心、孝心、爱心、齐心”四心教育，组织社区干部进院坝入农户宣讲政策、法律、道德等活动，引导社区居民践行社会主义核心价值观，并对先进社区居民按星级进行管理，每年评选表彰一批“十星级文明户”。多渠道收集群众需求，解决群众的实际困难。建立“民事代办”制度，明确社区村民小组负责人为群众办事代理员，将代办内容、流程和代理员电话印成小册子发给社区居民。建立“民情代诉”制度，对群众申请代理的信访事项，由社区干部如实向有关部门反映，及时将答复意见和处理结果反馈给申请人，通过公开、公正协商涉及群众利益的问题，鼓励群众积极参与社区事务。按照“全体社区居民提事、社区居民代表评事、‘一户一人’决事、社区居民理财小组和监督小组行事”的程序，实行年初集中议事；按照“四议两公开一监督”程序，实行平时专项议事。建立“民情一点通”信息化平台实行“1+5”模式，“1”即覆盖整个社区办公室及休闲广场的无线网络，“5”是五终端，即培训、休闲、阅览、查询、移动终端，通过提升居民参与的能力与素质，以感恩教育聚民心。实践证明，C社区的“民心工作法”提升了乡社区的治理水平，实现了基层党建引领力增强、社会治理全员参与、社区级事务及时公开的乡社区“善治”，使社区的党群、居民之间的关系更加和谐。

H社区通过加强群团服务中心建设，以满足群众的多元服务需求推进多主体协同治理。H社区地处市中心城区，辖区改制企业多，下岗职工多，特殊困难群体多，针对这些对象的服务问题，社区探索建立群团组织社会服务中心，不仅有效解决了难题，实现了资源的有效整合，而且必将会发展成为承接政府购买服务的重要平台、社会协同的服务窗口、服务群众的公益总部、爱心企业的公益伙伴。各级群团部门倾力支持，试点打造工作顺利推进。自中心试点建设以来，健全了领导机构，成立了领导小组，制定了实施方案，明确了专人驻点到社区抓指导的措施。通过加强硬件建设，做到切实按照“五个一”标准和“六有”要求进行规范化建设，并将工作制度、服务流程、服务电话等公示上墙。经费上，财政拨专款10万元；人员上，增加公益岗位1人，社区还另外安排了2名社区委员为专职工作人员，并通过整合社区原有的工会、青联、妇联、侨联、科协、残联下属各志愿者队伍，建立了一支以党员干部、社区居民、企业职工、党外及各界人士为支撑的志愿服务队伍。此外，社会组织积极参与社区治理，助推社区公益事业发展，吸引了“众爱公益”“蓝天救援队”等社会组织入驻社区，获得了社会各界爱心人士对社区治理的支持，设立了惠民帮扶、创业贷款申请、志愿服务、就业服务、权益维护、新市民培训等与群众密切相关的服务项目，帮助下岗失业人员再就业、困难学生申请助学金，开展了向老党员送学、为辖区居民送去科技书刊及防邪教宣传册、为特殊群众提供上门服务等活动，极大地丰富了服务项目。

（二）协商民主思想下社区治理的特点

协商民主思想下的社区治理主要呈现出三个特点。

第一，强调参与机制的建设。一方面，注重参与的广泛性，要求参与社区治理的主体不应局限于各级政府工作人员、社会组织负责人、媒体评论家、社区精英、居民代表，还要求尽可能地发动利益相关者参与到问题的讨论和解决中来。另一方面，注重参与过程的平等与公开。在参与决策过程中，每个参与者投票决策的权重是一样的，并且要保障参与者的知情权、质疑权。整个决策过程，从参与者的备案、讨论的议题、决策的程序、监督委员会的选取、决策的制定和执行，每一步都要做到透明公开，在群策群力的情况下公正地制定出政策。

第二，强调参与者能力素质的提升。一方面，强调参与者的主动性、能动性、创造性。主动性保证了意愿表达的真实性和参与的积极性，能动性和创造性保证了决策质量和落实决策的效果。另一方面，强调参与者能力素质的提升。通过各种知识的宣传和培训，提升居民的制度意识和程序意识，使居民更加明确参与协商的目的、自身的角色定位，以保证参与过程的价值中立。

第三，强调参与多方的行动与责任。协商民主视野下的社区治理是多元、多方位、多层次的治理模式，这并不是说参与者的责任是呈散状分布的，而是更加强调参与者的责任。在治理的过程中要求各级党委和政府、人大代表、政协委员、普通居民、群团与社会组织、专家、学者、社会舆论网络和报刊媒体等多方主体积极行动，建立合作、协商、相互支持的伙伴关系，参与者要不断提升自身能力，在共同目标的指引下参与公共事务治理。

三、基层协商民主发展面临的困境与出路

（一）基层协商民主发展面临的困境

在基层社会治理中，对协商民主的价值认识不到位、参与主体的角色感不强等因素都不利于协商民主在基层的发展。

第一，参与主体对协商民主在社区治理中的价值认识不足。基层党员干部对社区治理系统性、整体性、协同性认识不足，对待以制度协商推进的社区事务，存在“合意则取、不合意则舍”的不利倾向，阻碍了协商民主思想在社区治理的作用发挥。居民参与社区治理的角色感不强、参与社区治理的路径不清晰、缺乏有效的参与载体、居民自身的参与能力有限等因素，降低了他们参与社区治理的质量。经研究发现，居民参与是推进基层协商民主的重要途径，社区治理水平较高的社区居民参与度较高，居民的社区共识度与社区认同感都较高。但在欠发达地区，农村社区90%以上的青壮年劳动力都选择外出务工，农村社区的“空巢化”现象严重，居民参与社区治理处于低水平状态。

第二，在传统的GDP增长为工作目标、考核指标的发展观及实用主义价值观的综合影响下，基层干部的考核与社区治理工作的效能高低没有直接的量化关系。在社区治理中，只要不出现社会安全事故、群体性事件等“一票否决”的问题就意味着基层治理工作是有成效的，这种思维或多或少影响了基层干部推进社区治理的主动性，影响了社区治理水平向更高层次、更高标准的方向发展。虽然自2012年以来，中央先后出台了新的领导干部考核标准，但在一些基层领导干部的思维中，抓社会治理不容易出显绩，“工作多抓点也行，少抓点问题也不大”的思维依然存在。尤其是，社区干部运用协商民主思想推进基层治理的素养有待提升。社区干部是协商民主的具体推动者，但在一些基层社区中，仍有部分社区干部对协商民主的内容、操作程序不熟悉，常因处理问题的方式不合理，导致居民非理性的、非程序化的治理参与行为日益增多。

第三，少数基层干部认为协商会降低工作效率。从改革开放以来，经历数十年的创新变革，基层社会治理取得了重大进展，但基层治理的整体效能并未得到有效释放，治理的规范化和科学化程度还有待进一步提高。各项工作复杂繁重，基层干部与基层工作任务不匹配、巩固脱贫攻坚成果与乡村振兴有效衔接的任务繁重等问题带来的治理压力前所未有。特别是，一些工作通过协商并未达到预期的效果，这导致一些基层干部认为用协商的方式去解决问题耗时费力效率低，不利于及时采取措施，甚至有可能贻误时机，打乱了原有的工作节奏。这种观点有一定的现实依据，但或因方法不成熟、或因效果不明显等因素而否认协商民主是不科学的。要认识到，协商本身是一种基层工作方法，不能以基层工作形势复杂、不具有规律性为由将基层协商边缘化，而要通过机制的建立提升协商的效率。

（二）基层协商民主发展的出路

第一，健全协商社区事务的“参与”和“回应”两个机制。在协商民主制度下，推进基层社区治理不仅要鼓励居民积极参与，还要建立协商结果落实的回应机制。在参与机制建设上，应根据《居民议事会管理办法》

《业主委员会管理办法》确定居民参与者选拔的标准、人数，对参与的途径与议事规范、协商议题的设置、协商参与的步骤以及议题讨论结果的形成等方面都要进行明确的规定。在回应机制建设上，要建立相应的回应渠道、回应规则、回应责任机制，使民主协商的结果在实施或执行中有必要的机制保障。一方面，总体上应本着少数服从多数的原则，当与会代表的意见分歧较大时，可邀请相关部门、专家学者参会指导，提出有价值的参考性意见，为形成最终决策提供方向。另一方面，成立监督委员会。监督委员会成员一般应由党员代表、居民代表、人大代表等组成。其具体职能是在民主协商的意见形成最终决定后，监督委员会要监督相关议题的执行情况，并按照要求进行公示，接受全体社区居民的监督。

第二，注重“党内民主恳谈与党外征求意见相结合、协商民主与选举民主相结合、横向的居民议事协商与纵向的行业协商相结合”三个结合。在基层民主协商中，要推动基层党内民主恳谈与党外征求意见相结合。在具体方法上，党内民主恳谈需要明确规定党内民主恳谈的议题、对象、时间、程序，以及如何形成恳谈的结果。民主恳谈后，可以在3—7个工作日内将恳谈的结果在居民代表大会、业主委员会、居民会议上公布，征求意见，最终确定。众所周知，在推动基层协商民主与选举民主相结合上，选举民主和协商民主是基层民主的两种基本形式。通过居民代表的民主选举推选出社区负责人，有力推动了社区发展和社会稳定。但与此同时，受社区居民自治制度操作不规范及社区干部自身的素质所限，在民主决策、民主管理、民主监督过程中可能会产生一些违背居民意愿、损害社区居民利益的现象。这时运用协商民主制度调动广大居民参与社区事务的积极性，不失为有效解决社区事务民主决策、民主管理、民主监督等领域的规范和认同问题的较好方法。此外，还需要推动横向的居民议事协商与纵向的行业协商相结合。在基层社区治理中，围绕智慧社区建设、社区集体资产的民主管理问题，进行横向参与式的居民议事协商，激活了社区协商民主。而一些社区依托行业协会和行业工会对职工群众关心的行业工资、生产环境等问题进行纵向的集体协商，较为有效地解决了劳资纠纷问题，打造职工增资、企业发展和社会稳定的格局。

第三，建好“社区干部、居民代表、社区志愿者、基层政协委员”四支队伍。社区干部队伍是推进协商民主在社区治理中应用的关键，因此，推进协商民主在社区治理中的运用，需要进一步加强社区干部队伍建设。一方面，重点抓好基层干部的理论学习，提高社区干部对协商民主方针、政策的理解和贯彻执行水平，提高他们的民主法治意识。另一方面，在协商民主制度下加强对社区干部的监督，引导社区干部正确履行自己的权利和义务。要建好居民代表队伍，社区居民是社区协商民主的实践者和受益者。在研究中发现，具有大学本科及以上学历的社区居民比学历在高中以下的社区居民参与社区事务的频率、积极性、质量都要高，所以要通过建设社区书屋、“送教进社区”、社区夜校等方式大力发展社区教育，积极培育公民文化，培育社区居民的理性精神，让社区居民逐步养成参与协商的行为习惯，为协商民主的开展提供条件。要建设优秀的社区志愿者队伍，社区志愿者队伍是社区协商民主的宣传员。在社区营造协商民主的氛围，需要采取措施建设一支志愿者队伍，在社区宣传协商民主。要整合政协委员、专业教师、各类讲师团等力量组建协商民主理论实践宣传队，加大协商民主的宣传力度，使社区居民全面认识、理解协商民主的意义和作用。此外，应充分整合利用电视、报刊、网络等媒体渠道，采取宣传栏、广播、发放手册、上门宣讲等方式，通过典型社区协商事例报道、榜样推动、经验介绍等形式，在全社会着力营造推动协商民主的良好环境氛围。要整合基层政协委员队伍，基层政协委员队伍是推动协商民主在社区实践的重要力量。各级政协委员要通过实地调研、开座谈会等形式调研基层协商民主的实施情况，及时形成关于社区协商民主的政协提案，并依据各级人民政府出台的人大代表建议和政协提案工作规定和工作考核办法，对提案办理情况实行制度管理和量化考核，有效地督促相关单位落实提案，推动社区协商民主的发展。

第四，发挥“社区党组织、业主委员会、社区群团组织、非公经济组织、政府机关”五类主体的作用。在基层协商中，需要发挥社区党组织的引领作用。在传统治理模式下，党领导基层组织任务是实施自上而下的“一元制”单向管理，主要依靠行政命令来解决问题。而国家治理体系现代化视野下的基层开展协商民主，赋予社区党组织的任务是调动广大居民参与社区治理的积极性，为居民提供社会资本、政策和协商环境等方面的支持，避免强势群体在协商中掌握“话语权”，通过民主协商的方法找到群众利益的最大公约数，达成共识，以此来加强和改善党的领导方式，增强基层协商凝聚群众、服务群众、引导群众的功能，夯实基层政权根基。要强化业主委员会建设，发挥其协商议事的功能，在小区业主与开发商、物业公司、业主之间搭建民主恳谈会、民主议事会等协商平台，围绕居民关心的“毁绿种菜”、公共停车位的使用、消防通道的日常管理、违规乱搭乱建等方面的利益纠纷开展协商，消弭不同主体之间的不信任感，缓解社会矛盾，减少群体间的对立，实现社区事务的集体抉策、管理和监督。要发挥社区群团组织在整合社区社会组织、联系居民和政府的桥梁纽带功能，组织职工群众参与社区自治，动员社会力量维护职工权益，并协助社区做好群体性事件预防、劳资关系冲突协调、流动人口管理、公共服务资源配置等工作，构建有效的协商组织网络。

要发挥非公经济组织资源、资金筹集和使用灵活公开的特点，发挥其公益和助人的功能，通过整合社会资源和社会力量，注重“经济输送、文化帮扶、价值引领”多路径提升居民能力，提供就业培训、发展中职教育、建立图书馆等多方位支持，避免居民在角色认知和思想认识上不足，与其协商参与主体地位形成“错位”，改变居民的生活方式和思维方式，弥补政府资源的不足，降低协商风险引发发展危机、道德危机和社会冲突的可能。要发挥政府机关工作人员优势，可以按照“政府政策支持、社会力量积极参与、专业团队社区工作队伍管理、政府和公众监督”的发展模式，推动协商民主下社区治理示范点的建设。

四、推进政协小微协商与基层协商的有效衔接

目前，四川、浙江等地积极推动政协小微协商与基层协商的有效衔接，取得了良好的效果。从理论和实践上来看，在基层社会转型加速、社会结构变迁的大背景下，基层协商需要更多优质资源的投入和更广泛力量的推动，两类协商的融合是优势互补的科学实践，是推进城乡基层社会治理制度创新和能力提升的重要手段。推动政协小微协商与基层协商的有效衔接，可以创新政协倾听民声、反映民意、协调关系、讨论问题的方式，宣传党委和政府的政策和政治协商的成果，走好新时代群众路线；可以更好地坚持民主集中制，实现发扬民主和提高效率相统一，防止议而不决，真正解决基层困难；可以将基层中涉及群众利益的共性问题通过政协渠道向党委政府反映，进一步提高基层协商的制度化水平和提升基层协商的质量。

同时，构建现代化的社会治理体系需要构建政协与基层的治理共同体。从现实来看，政协要在基层社会治理中发挥作用，就必须精准把握民情，获得一手资料，这就需要与基层各类组织建立密切的联系。推进城乡基层社会治理的科学化需要通过协商的方式解决群众关切的利益问题，中共中央办公厅、国务院办公厅印发的《关于加强城乡社区协商的意见》指出："村（社区）党组织要加强对协商工作的组织领导，注意研究解决协商中的困难和问题，及时向乡镇、街道党委（党工委）和政府提出工作建议。"在实际工作中，市、县政协可以通过提供专业的治理人才队伍、政策支持、资源供给，发挥政协委员、专家库、智囊团的平台优势、智力优势、资源优势，为基层社会治理和协商民主提供智力、政策、资源支持，补齐基层社会治理的短板，强化治理的弱项，提升治理的效能。要推动两种协商的有效衔接需要紧跟基层社会治理科学化、法治化的要求，以提升基层治理效能为目标，按照"不建机构建机制"的原则，强化机制程序建设，达到双向整合、多重发力的效果。

（一）进一步明确协商主体，建立协商共治共同体

推进政协小微协商与基层协商的有效衔接，从表面上看有政协和基层两个主体，但在实际操作中，包含各阶层、各党派、各界别、各群体在内的社会各界都有可能成为协商的主体，要充分动员各方力量，实现不同主体资源的有效整合。一方面，要在党委领导下，通过相关部门给予的政策、场地、资金、人才等方面支持，充分发挥党政领导、政协委员、社区干部、群众代表、老干部、新乡贤、其他利益相关者等群体的优势，形成一个协商共治共同体，实现各方力量的充分整合。另一方面，必须坚持以人民为中心的价值导向，给予普通群众更多的参与机会，使意见表达机会更加均等，渠道更加公正。特别是，需要通过机制创新和群众能力建设，避免在两种协商的衔接中，忽视了普通群众的话语权和建议权，最后变成了“基层干部与政协委员”的协商。

（二）进一步细化协商内容，确保衔接目标精准化

确定两种协商有效衔接的主要内容，是将两种协商的综合优势转化为治理效能的关键，决定了协商的深度和广度。首先，根据制度、文件确定协商内容。无论是小微协商，还是基层协商，其服务和涉及的主体均是广大基层群众。《中国人民政治协商会议章程》规定政协参政议政的主要内容包括“政治、经济、文化、社会生活和生态环境等方面的重要问题以及人民群众普遍关心的问题”。基层协商的内容多是与群众日常生活息息相关的事件和政策，综合起来，两种协商在内容上的结合点就是涉及群众切身利益的经济问题、社会问题、政策问题等“民生问题”。其次，根据党委和政府需要确定协商内容。两种协商的衔接开展必须坚持党的领导，协商的内容必须围绕中心工作，通过合理的议题设置进行协商，有助于发挥两种协商的政策宣传功能、政策评估功能和群众问题解决功能，达到推动党政中心工作发展，为大局服务的目的。最后，根据社会发展和群众需求确定协商内容。协商的内容要突出群众需求，在坚持“涉法涉诉不协商、

纳入信访不协商、不具有代表性的不协商”等协商原则的同时，解决好急迫需要与长远需求的关系，把握少数与多数、个性与共性的关系，内容选择上切忌避重就轻，要坚持以化解纠纷、化解认知冲突、解决实际问题为工作目标，最终以老百姓得到实惠、基层治理得到改善、党群关系更加稳固为标准。

（三）进一步创新协商方式，实现衔接载体多样化

切实有效的协商方式，多样化的协商平台，是推进两种协商有效衔接的重中之重。首先，需要提升协商“切口”的精准性。要立足两种协商的优势、特点，坚持选准“小切口”、突出大视野的方法，以起到“牵一发而动全身”的作用。要深入分析问题背后的原因，寻找能够解决问题的政策依据，或者合规合理的办法和综合施策的方法，切忌“指点打点”甚至埋下新的隐患，以此提升基层系统治理、依法治理、综合治理、源头治理的水平。其次，需要增强协商平台的灵活性。逐步将传统的有固定场所、固定时间、固定参加人员的协商平台改变为大街小巷、村落院坝、社区议事厅、施工现场甚至游乐公园等灵活性的平台。在保证协商活动有序进行的同时，根据实际情况延长“发言人”的时长，提升每位参与者的发言质量，增加协商的深度。最后，需要注重协商平台的智慧化。在实际协商中，可以综合利用现代信息技术手段，推动建立不设会场的“云端”协商平台，在确定协商主题的基础上，确定合理的网上引导话题，通过手机短信、网络平台和微信群向全体委员发布消息、推送链接，并要求委员向外推送，广泛动员，充分发挥网络空间信息化的互联协同的效能，提升基层协商的效率。

（四）进一步厘清协商路径，实现衔接程序最优化

推进两类协商的有效衔接，需要规划科学统一的协商程序，明确协商衔接的路径，通过“科学选题—优化分类—评估定题—深入调研—制定方案—商前动员—开展协商—监督落实—成果评价—总结提升”等环节，健

全协商程序。

坚持科学选题。坚持“民有所呼，必有所应”的原则，推动“上下”结合，完善“开门选题”机制。政协委员、基层党员干部通过开展联合调研，围绕群众期盼、文明提升、垃圾分类等方面热点、难点、焦点问题，将与人民群众日常生活息息相关的问题作为抓手，向委员、社会各界收集选题。

坚持优化分类。充分发挥政协组织界别广、政协委员联系面宽的优势，联合基层党组织分别对接经济、社会、文化、生态文明等方面的议题，实现选题的归口设置管理。

开展评估定题。制定“政协小微协商与基层协商有效衔接的选题评估标准”，完善“层层筛选、协商定题”机制，采取召开群众代表座谈会、专家学者建议会、党委政府最终审定等方式，评估选题的质量，确定纳入协商计划的选题，并在一定范围内公布。

开展深入调研。坚持“不预设路线、不预定对象、不预做安排”的原则，完善调查研究机制，围绕选题组织相关人员深入一线开展调查研究，并充分听取利益各方对问题的看法以及解决问题的意见建议，力争摸到实情，实事求是地总结各方意见，形成调研成果，提请政协常委会议或主席会议审议。

制定科学方案。围绕选题的内容、涉及人群、难易程度等特点，制定细化的实施方案，确定协商的主题、时间、地点、召集人、主持人、参与人员、场地布置等核心协商要素，建立分工协作机制，推动协商各项任务的落地落实。

加强商前动员。制定工作规范，鼓励政协委员、基层党员干部、群众代表动员身边的群众参与协商，特别要注意选择有亲和力的协商地点，以及会场布置的标语、座次等细节，并有针对性地做好利益相关者参与的动员，为协商结果的落地落实打好基础。

提升协商质量。在协商的过程中，主持人要引导参与者围绕主题发言，提升协商的效率和质量；在整合过程中，注意做到“开好局、控制好过程、收好尾”，能当场达成共识的要立即宣布协商结果，囿于种种原因而不能达成共识的也要给出下一步工作的建议。

推进监督落实。对暂时没有达成共识的协商结果，可以通过一定的方式督促尽快拿出下一步工作方案。对于已达成共识的协商结果，要根据选题的涉及面及时上报或通报，并通过村（居）务公开栏、社区刊物、村（社区）网络论坛等渠道公开，接受群众的监督，督促有关事项的落实。

强化成果评价。建立提升选题社会影响力的质量评价机制，完善科学的评价指标、评价主体、评价办法，同时出具协商“成效书”。

注重总结提升。建立适时回访机制，及时总结好的经验做法，完善协商过程的不足之处，并对具有广泛价值的选题及时形成提案或者向党委、政府提出工作的建议，从而使协商成果发挥更大的社会价值。

（五）进一步完善保障措施，实现衔接机制系统化

推进两种协商的有效衔接，需要从宣传动员、网络建设、能力提升、应急处理、线上线下融合等方面建立科学机制，推进协商支撑的系统化。第一，完善宣传动员机制。充分发挥两种协商优势，利用报纸、电视、网络、微信群等媒体，在机关、社区向社会各界宣传，提高社会公众对两种协商有效衔接的重大意义、工作目标等方面的正确认知，提升社会力量特别是利益相关者参与协商的积极性，为推进更为有效的协商奠定基础。第二，完善网络支持机制。围绕推进两种协商的有效衔接，坚持政协委员主动到居住地（社区）报到与上级政协组织统筹安排政协委员入驻村（社区）相结合。在有条件的县，推进乡镇（街道）、村（社区）政协联络站点建设，在乡镇（街道）设置“委员履职小组”，在村（社区）建立“委员工作站”，建立健全政协与基层党组织相互联系、互相融通、互相支持的工作网络。第三，建立能力提升机制。根据基层协商民主的发展需要，建立政协委员、基层党员干部、社区群众、主持人等多元主体的能力提升机制。重点提升政协委员、基层党员干部调研、研判的能力，增强选题的针对性和可行性。提升社区群众参与协商、发表意见的能力，主持人的引

导、控制能力，不断提高现场协商的质量。第四，完善应急处理机制。需要健全政协、基层、相关部门有效对接机制，成立以市、县、乡党委、政协为主体的协调机构，建立应急协商机制。健全突发性问题协商与常态化协商对接机制，形成一套将突发事件协商转化为常态化协商的工作方法，形成“热事件—冷处理”的工作方法，提升协商效能。最后，建立“线下线上”联合协商机制。要充分运用信息技术，建立“共同来协商”智慧平台，积极引导广大网民实名注册参与协商，并根据议题的性质、协商的进展等适时选择“线上”或“线下”协商方法。

（六）进一步健全工作制度，实现衔接行为制度化

在推进两种协商有效衔接的过程中，要根据中共中央印发的《关于加强社会主义协商民主建设的意见》和中共中央办公厅、国务院办公厅印发的《关于加强城乡社区协商的意见》的相关要求，结合本地实际，制定《关于推动政协小微协商与基层协商有效衔接的实施意见》，进一步健全协商选题计划制度、协商实施制度、协商成果转化制度、协商质量评价制度等确保两种协商有效衔接的关键制度，从而形成制度建设的全覆盖和各环节的闭环，推动制度建设与平台建设有机衔接，为提高平台效率、提升协商效能提供制度保障。

第三章　新时代城乡基层社会治理的服务体系建设

基层社会治理的出发点和落脚点都是为了使社会个体能够享受到更高质量的服务，拥有更幸福的生活，因此，城乡公共服务水平决定了社会治理的效率和满意度。在服务体系建设中，以公园、图书馆、村史馆、社会养老服务中心等为主体的公共空间打造是完善城乡公共服务体系的重要抓手，满足了不同群体生产生活、社会交往、个人发展等需要。除回应不同群体的需求之外，在常态化疫情防控背景下，对重点群体的关爱帮扶也是服务体系建设的重要内容，尤其值得关注的是城市困难群体。受外部压力和自身能力的综合影响，城市困难群体的就业渠道较窄，收入水平不高，抗风险能力较弱。与农村困难群体相比，除了都享受低保、临时性困难救助等政策之外，城市困难群体缺少了土地、林地等生产资料的支撑，生活可能面临更多的不确定性。因此，进一步完善城市困难群体的帮扶机制显得尤为迫切。同时，进入老龄化社会之后，老年群体对服务数量和质量的需求都会呈现乘数式增涨，这一背景下，构建社区居家养老服务体系已迫在眉睫。

本章的三节分别论述了城乡基层治理中的公共空间功能品质提升、城市困难群体帮扶工作和社区居家养老服务体系建设，旨在阐明以点带面呈现基层社会治理服务体系建设的重点任务。

第一节 城乡基层治理中的公共空间功能品质提升

我国公共服务基础设施建设的地区差异、城乡差异较大，不平衡、不充分的问题较为突出，难以适应城乡居民的生产生活需要。传统的城市化的着力重点是改善区域硬件设施，对科学布局具有服务功能的公共空间关注不够，缺少休闲娱乐、养生养心空间的“留白”，导致很多老旧小区的公共服务设施发展滞后。同时，农村也存在基础设施配套不足、公共服务功能分区不够、难以满足居民多样化的公共服务需求等问题。在城乡居民生活质量提升、村级建制调整、快速城镇化、城市能级提高、集聚效应增强等多方面因素的影响下，人口集聚与空间紧张、环境污染与生态修复、情感归属与社会冷漠等城乡发展中的几组矛盾愈来愈尖锐。作为现代社会的重要公共产品，公园、健身步道、文体活动室、图书馆、村史馆等公共空间建设已然成为衡量城乡公共服务发展水平的重要指标。因此，未来的城乡基础设施建设，要在坚持人本思维、系统思维、历史思维、发展思维、共享思维的基础上，立足提升服务功能，建好、用活公共空间，延续城市文脉，解决好传统空间资源服务能力不足的问题，使公共空间成为服务城乡居民、提升居民素质和城乡现代化水平的重要载体。

一、传统空间资源的服务性不足

从历史维度来看，传统空间资源的人文性、生态性、公共性较弱，阶级性、资本化、工具性等属性明显，不能满足所有人的需求。

空间的阶级性。传统空间有明显的等级约束，“墙”成为不同群体使用空间的实际阻隔，特定的社会阶层、群体隶属于特定社会空间，进入某个特定空间已然成为社会个体的“身份”象征，社会成员空间占有情况也成为衡量其地位高低的重要指标，空间的“符号”价值、地位价值得到了充分体现。在我国封建社会，一些特定的空间演化成为封建皇权的象征，成为彰显皇权统治和私人财富的重要场所。《礼记》有云："天子之堂九尺，诸侯七尺，大户五尺，士三尺"，这一背景下，空间就成为了地主阶级统治农民阶级的重要场所，君主、士大夫、地主将优势的空间占为己有，空间被标识了权力的烙印。而这些空间无一例外的将底层农民、手工业者排斥在外，有"园林"缺"公园"是这一时期城市的主要特征，这一现状在新中国成立后得到彻底改变。

在西方理论家视野中，城市最早是神灵的居所，最后变成了改造人类的地方，城市的最大的功能就是关怀人、陶冶人。列斐伏尔认为，研究城市空间是理解城市本身、起源、时序、日常生活节奏以及公民会场、神庙等中心和多中心场所的关键，建筑、纪念碑、艺术作品可以视为权力关系的生产关系表征。在古希腊，城市是容纳公民生活、处理公共事务的场所，到了中世纪，城市变成了贵族的"私有场域"，其承担的交往、辩论等功能被享乐、肆意挥霍所代替；文艺复兴时期，城市由彰显神权的空间向市民空间转变；工业革命使空间成为资产阶级资本积累的重要场所，这一状况到了20世纪中后期随着中产阶级崛起、黑人运动、女权运动发展才发生重大转变。此后，不同阶层对城市发展特性提出了自身需要，城市空间功能逐渐向服务市民转变。特别地，全球化和信息技术革命的兴起，空间获取的"扁平化"、多元化趋势日益明显，空间的阶级性逐渐消逝。

空间资本化。随着空间的市场化程度逐渐增强，资本占有与空间占有成为一对共生现象，空间资本化也导致了空间阶层化。格林·洛瑞把社会资本理解为与物质资本和人力资本相对应的一种崭新的资本形式。林南把"人们用行动获取嵌入在社会结构中的社会资源的能力"称为社会资本。作为一种稀缺资源，在消费意识强、竞争性高的现代社会，空间所衍生出的地位价值与空间的市场价值一样被推崇。在所有的空间类型中，"生态位置上的空间是一种重要的资源"，因此，通过这种方式获取的有利地位可以称之为"空间权力"，主要包括：空间在场、使用、挪用、部署、改造等权力。因此，社会成员在城市公园、森林绿地、湖泊湿地、山体、博物馆、运动馆、商业广场、历史街区、旅游景点等公共空间附近居住、游览成为拥有财富多少的重要标志。甚至，住房空间的市场化供应会加剧优势阶层通过购买住房获取优质学校和优质教育资源①，空间的“衍生权力”效应逐步覆盖了空间本身具有的价值。这时的“空间”具有高商业价值、高文化品味、高历史价值、高附加值、高私密性，产生了资本与空间高度重叠的现象。

空间工具化。公共空间本质是为满足大多数居民需求而建设的，但由于空间的制造者、管理者与实际享有者之间的理念、目标、地位等差异，一定程度上削弱或忽视了空间本身的服务功能。一方面，可以归纳为“功能性缺失”。高密度的建筑环境和拥挤的生活环境造成了社会成员的压抑感，与人在个性解放中追求领地安全和不被打扰情境相背离。此外，在现实情境中，城市公共空间设计存在功能主义、形式主义、“舶来品”过多的问题，只注重对其视觉审美价值和休闲观赏功能的关注，对公共空间的公共性、人本性关注较少②，人文关怀、个性特色、审美情趣等价值追求也出现了偏离，公共空间的品质下降，成为“失落”的空间场域③。另一方面，可以归纳为“功能性失衡”。许多城市在老旧小区改造、追求国际化的过程中存在历史记忆丢失和不同程度的文化断层现象，公共空间呈现同质化趋势，冲击了城市独有的文化系统、个性的文化“符号”，削弱了公共空间的人文精神价值，使城市公共空间发展呈现“少”和“大”两种趋势。“少”是指在一些城市建设中，对GDP的盲目追求，城市空间的生态元素、文化元素、服务功能被弱化，导致城市公共空间的供给力度不够。“大”是指一些城市建设的公共空间占地面积大、场馆宏伟、设施一流，但人烟稀少，远离居住区，未与当地的历史传统、居民需要和发展阶段有机结合，功能作用发挥不够。此外，失衡还表现为空间满足人需求的

① 方长春：《生源效应：居住空间阶层化与教育不平等》，南京师大学报（社会科学版），2019年第4期，第123-133页。

② 陈竹、叶珉：《西方城市公共空间理论：探索全面的公共空间理念》，城市规划，2009年第6期，第59页。

③ 杨保军：《城市公共空间的失落与新生》，城市规划学刊，2006年第6期，第9—15页。

基础功能与“象征”功能的失衡，在一些群体中，空间消费被视为人与人建立积极关系的操纵符号行为，人们通过到空间进行“炫耀性”高消费获取更多的文化符号特性与形象提升价值，以此来表现自己独特的“品味”，其他社会成员是否拥有同等机会进入公共空间，进而获得身份、心理和社会交往的认同的问题未被重视。

二、城市发展理论视域下公共空间建设的探索历程

公共空间发展与城乡基础设施改造升级紧密相关。日常生活中，打造的休闲类、运动类、游览类、观赏类等类型的“公园”是人们较为熟悉的公共空间。从概念上理解，花园与公园是两个不同的概念。花园（Garden）是兼具“公共性”和“私密性”的场所。“公园”在中国传统文化概念上指的是官家园林，最早见于《魏书·任城王传》，现在被大家所接受的是一个具有鲜明“公共性”的概念，多指用于市民休憩、娱乐的公共空间，近代“公园”的概念在十九世纪中叶由西方引入中国[①]。在这之后，随着社会变迁和城市变革，理论家和政治家们先后探索打造了田园城市、花园城市（生态城市）、公园城市，从不同角度阐释了如何在城市建设中发展公共空间的设想。

1820年，罗伯特·欧文提出了“花园城市”的概念，它是一种经济、社会与自然环境相融合、非常美好的城市类型。此后，工业革命的兴起促进了生产方式的转变，同时也改变了人们的生活方式，大量农民变为市民，无需耕作、远离泥土，社会成员失去了与自然“亲密”的机会，同时空间稀缺拥挤、情感交流不畅、工作压抑、激烈的社会竞争使人们更加怀念、向往“花开花落、云卷云舒”的田园生活。如何能满足城市人的“田园梦”，19世纪末，埃比尼泽·霍华德在其所著的《明天的花园城市》一

① 崔志海:《近代公园理论与中国近代公园研究:读〈都市与公园论〉》,史林,2009年第2期,第165—172,190页。

书中提出了“田园城市”的理论构想[①]。田园城市旨在将城市与农村进行优势互补，形成“城市—农村”交融的城市新类型，以此解决城市规模扩大带来的“城市病”，提升居民生活质量和城市发展质量。田园城市理论把城市、农村、城市—乡村三种生活形态比作三块磁铁（图1），通过各自的优点去吸引社会成员，使城市与乡村由分离逐渐走向融合，最终实现二者的协调、平衡、有序发展。

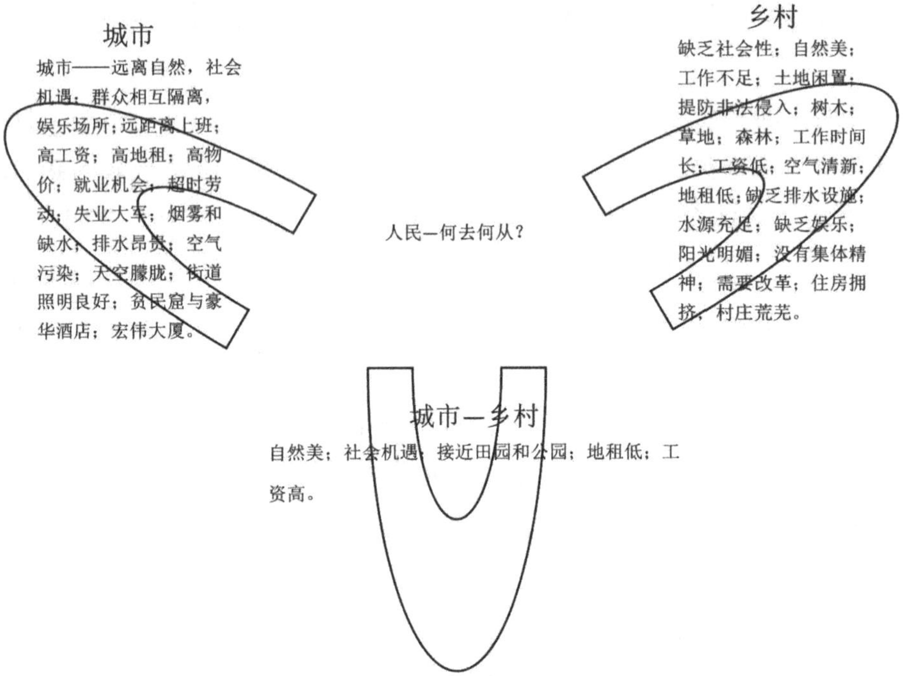

图3-1　霍华德的“三磁铁”理论

在“田园城市”之后，为了满足居民对高质量空间服务的需求，1932年，美国建筑师F.L.赖特又提出了“广亩城市”（Broadcarecity）的概念。他认为，城市过分的集中发展使人们丧失了自由活动空间和生产空间，而当交通、电力、通信等技术能够满足人们交往和社会生产的需要时，社会成员就不需要过度拥挤地生活在一起。因此，在各种服务设施完善的基础上，规划设计一种完全分散的、低密度的城市形态模式，将生活、种植、

① 埃比尼泽·霍华德：《明日的田园城市》，金经元译，北京：商务印书馆，2000年版，第11—18页。

居住空间有机融合在一起，使构建人与自然和谐发展的理想城市发展模式成为解决城市发展问题的一个出路。但城市发展带来的问题是复杂的，除人与人之间的关系冷漠、交通拥堵、住房狭小等问题之外，环境污染、生态破坏等类似问题是城市化发展到一定程度所面临的突出矛盾，为破解这一难题，柯布西耶提出了“光辉城市”的设想，旨在让城市变成一个大公园，合理布局城市的工业区、生活区和生态功能区，让生态元素融入到城市建设的各个角落。此后，生态学家奥杜姆，社会学家孔德、斯宾塞、涂尔干用生态有机理念分析城市公共空间建设。在这一历程中，城市基础设施建设经历了“自发的遵循生态原则—生态意识衰落—生态意识恢复觉醒”的演进，城市空间建设也经历了从“技术现代化”向“文化、绿色和复古传统”的方向演进。到了20世纪60年代，为解决大城市人口高度聚集带来的系列城市发展问题，新加坡提出了“花园城市”建设构想，通过增加绿化、休闲设施，增强国民的绿化意识，实现了城市的美化、亮化，并运用现代技术，强化城市管理，实现了城市的生态绿色与可持续发展，打造了现代城市的范本。20世纪70年代，联合国教科文组织发起了“人与生物圈（MAB）”计划，提出要在后工业社会建造一座真正的生态之城。生态城市之父帕罗海墨构建了一个生态城市的社会场景，主张把城市建设成一个绿色生态循环的有机体，各种生态空间环绕布局，构建绿色家园。

进入21世纪，人们对城乡空间的人文性、生态性、公共性等复合功能的关注日益增加，用“散落”的花园对城市进行“装扮”已经不能满足人们对高品质生活的追求，传统城市建设模式的局限日益显现。为解决空间服务功能不足、共享覆盖面不广的问题，我国进行了卓有成效的公园城市探索。在我国“公园城市”一词最早见诸于《江门市公园城市建设工作纲要（2015-2020）年》。2018年习近平总书记在考察天府新区时，系统阐释了“公园城市”的发展建设理念，即“一个城市的预期就是整个城市就是一个大公园，老百姓走出来就像在自己家里的花园一样”，要求在推动公园城市建设过程中，把生态价值考虑进去，努力打造新的增长极，这标志着公园城市由一地向全国更大的范围拓展。因此，2018年可以视为我国推进公园城市建设的标志性节点。

从理论上讲，公园城市是在田园城市、花园城市等理念基础上的城市发展理念创新，是一个具有超传统功能特性的未来城市建设理念①，是以人民为中心、生态文明等思想在城市空间营造上的融合，是城市发展、城市治理、公共服务改革的新一轮革命，蕴含了天人合一、寄情山水的传统文化智慧，使城市发展更加人性化、多元化、个性化，为未来城市发展开辟了新的道路②。它不仅改变了城市现有的“公园—城市”的空间形态，也推动了城市社会结构、社会关系结构、生产生活结构等层面的深度变革，并将城乡绿地系统和公园体系、公园化的城乡生态格局和风貌作为城乡发展建设的基础性、前置性配置要素③，综合现代科技数字技术、绿色技术等充分运用于城市营造，优化“市民—公园—城市”三者的关系，将城市发展理念由“城市中建公园”的空间营造向“公园中建城市”的场景营造转变，彻底将城市发展模式从“耗能高、污染大、排放量高”的“传统型”向崇尚人文、生态、内涵式发展的“未来型”转变，使城市发展更具韧性，城市建设更能满足人们生产、生活、休闲等多样化的需要。在这一理念指引下，城市公共空间的服务功能得到大幅度提升，城市规划设计者、建设者、治理者以及生活在城市中的居民都在进行一场深刻的观念革新。

三、公共空间的类型与基本特性

立足公园城市理念推动公共空间建设和服务功能完善是未来城市发展的必然趋势，城市将被打造成功能布局科学合理的“城乡公园综合体”，形成以“公共性”为核心特质的超大公共空间系统，并复合以功能齐备的

① 吴岩等:《“公园城市”的理念内涵和实践路径》，中国园林，2018年第10期，第30—33页。

② 吴志强:《公园城市:中国未来城市发展的必然选择》，四川日报，2020-09-28。

③ 吴岩:《公园城市的背景、内涵和理念特色》，http://chla.com.cn/htm/2018/0731/269025.html。

空间子系统，形成人与人、人与空间、人与生态和谐的新型空间形态。具体上来讲，可以将公共空间划分为以下几类。

一是依据公共空间的形态，可以将其划分为山、水、林、草等自然生态空间，城市绿地、城市公园、公共服务中心、老幼服务中心、图书馆、博物馆、展览馆、电影院等人造空间。

二是依据公共空间的功能，可以将其划分为资源、商业、就业为核心的生产空间，休憩、教育、交通、运动为核心的生活空间，阶层沟通、利益分配、民主参与为核心的社会空间。

三是依据公共空间的社会属性，可以将其划分为文化空间、交往空间、私密空间、共享空间、情感空间、娱乐空间、情感释放空间等。

四是依据公共空间的特异性，可以将其划分为历史再现空间（纪念馆、博物馆、遗址遗迹）、时代主题空间（时代广场）、“口袋公园”、运动公园、音乐主题公园、相亲主体公园。

五是依据公共空间的服务对象，可以将其划分为婴幼儿专属空间、青少年活动空间、中年活动空间、老年服务空间和残障人士服务空间。

现实情境中，上述公共空间呈现“集中—分散”交错的差异化、非均衡分布，且在基层治理中，与城乡居民的刚性需求成为一对突出的矛盾。要解决这对矛盾，公园城市何以可能？从实践层面来看，提升“公共性”是解决这些问题的“钥匙”，公园城市的“公共性”可以从以下维度去理解。

共享性。在公共空间建设中，要以“市民—公共空间—城市”关系优化为目标，在保留“城市记忆”的基础上将公园广场、主干道路、商场市场、街道社区、文化礼堂等打造成崇文尚礼、绿意盎然的公园式楼宇、公园式社区，弥补以往城乡建设中公园、绿地、停车位、休闲场所、纪念场馆等公共空间资源的不足，降低了资源获取的“门槛”，增强了公共空间的可进入性，提升了社会成员获得资源的能力，推动了城市景观、游憩空间、优质资源体验的全民共享。此外，公园城市的生态系统不仅是内部子系统之间的开放，也是“城市—乡村”的社会生态系统的交互开放，通过统筹城市以外的农村、森林、水域、湿地等系统，推动城乡生态系统的交互作用，建成城乡生态“共生系统”，全方位解决城市发展中的人口膨胀、“热岛效应”、供水和特殊气候等生态问题，从根本上改变城市生态环境污染向农村或其它生态载体的“转嫁”而使整个生态系统陷入恶性循环的窘境。

人本性。习近平总书记在兰州考察时指出：“城市是人民的，城市建设要贯彻以人民为中心的发展思想，让人民群众生活更幸福。”①在上海考察时又进一步指出：“城市归根结底是人民的城市、老百姓的幸福乐园。”②新时代城乡公共空间建设就是要秉承“以人民为中心”的发展思想，重点提供社会成员基本生活需要的住宿休息空间、交往空间、生产空间、游乐空间，满足人从感官审美、交友、归属感、公公参与、居民教育、自我修养提升等不同层次需要，提供能让社会成员展现个性的“差异容器”。公共空间还可以为未成年人和儿童提供安全、有吸引力和免费的游憩环境。通常，交流活动频繁的地区，人流量大，创造了自然监视的空间（eyeson the street），这变相地增加了公共空间的安全性，促使那些因安全感低而不愿意进入公园、绿地等公共空间的人们更多地选择进行户外活动。此外，一些交往性较强的公共空间通过人与人的交流、“他人”的行为示范和非正式群体的规范约束，形成新的社会情感支持网络，达到纾解社会情绪，教育、规训社会个体不良行为的目的，推动了人的现代化发展。

开放性。公园城市的开放特性主要体现在社会结构、社会文化两个层面。在社会结构层面，传统的“同心圆模型”“扇形模型”“多核心模型”大多根据社会阶层将城市分为中心商务区、过渡带、不同阶层住宅区和通勤带，造成了不同阶层群体的“隔离”。而公园城市不仅要为本地的“原著居民”提供就业和发展机会，还要为流动人口、外来务工人口提供获得可持续生计的基本手段，提升城市的带动作用，实现城市与乡村的良性互

---

① 刘自明：《让城市更文明 让生活更美好》，保山日报，2021-03-21。

② 付玉辉：《以人民为中心将城市建成百姓幸福乐园》，央广时评，2020-04-07。

动，推动实现共同富裕。同时，公园城市构建了社会动态的结构平衡，户籍、单位、体制等影响流动的传统因素将被削弱，代际间的“子承父业”的比重在下降，社会资本、科技资本、财富资本对人口流动的影响力会继续存在，但社会成员可以通过接受国家政策支持、高水平的教育等方式来获取更多的就业机会和更高的收入，成为中等收入群体。在社会文化层面，公园城市开放的社会文化包含国际之间的开放与国内地区、城乡之间开放两个大层面，在本土与外来、传统与现代、主流文化与亚文化的碰撞中，使城市成为差异文化的“聚集地”，集合的城乡文化、网络文化及其它文化类型在思想观念、行为方式、社会心理上形成交互之势，为不同类型的文化提供展示空间。

系统性。城乡空间建设是一项系统工程，这一过程受资本、技术、人才、治理等要素的交织影响，产生了从自然空间向社会空间、生产空间向消费空间、现实空间向虚拟空间的让渡与转化，经过持续的整合、建构、解构与重组，形成了碎片化的、多中心的空间格局，而公园城市为实现“乡土—生态”与“城市—现代”的空间融合提供了可能。通过满足市民特别是老年人、儿童以及社会特殊群体的需要，缩小“数字鸿沟”，形成了接纳社会成员的“场所精神”。更加注重在建筑设计上恢复传统社区的空间格局，塑造城市和郊区、乡村相互融合的空间形态，建设邻里互动、互助、守望的情感空间，满足人们对传统“乡愁”记忆的期待与渴望。同时，为提升城市风险防控、应急治理的功能，通过建立完善应急资源储备库，增强资源的冗余性，提升城市应急资源的投送、分配、运转能力，更好地应对灾害冲击、减少灾害损失[①]。在此基础上，城市、城市群的空间呈现出多层级、多类型嵌套、重组和反馈的复杂特征[②]，“生产、生活、生态”要素汇聚的产城景一体化空间和秩序、活力、动力等现代治理理念融合的实践空间嵌入度更高，空间组织形态和布局更加合理，同质性与异质

① 任宇飞:《韧性公园城市建设重在处理好三对关系》,四川日报,2021-08-09。

② 陆林、任以胜、徐雨晨:《旅游建构城市群“乡土—生态”空间的理论框架及研究展望》,地理学报,2019年第6期,第1267—1278页。

性的空间错落有致，边界日益模糊，功能日益完善，适应性与智慧性愈加协调，空间结构、市场布局、治理架构都具有满足不同方式生活、不同形态生产生活的功能，聚合成一个更具人文性、情感性、融合性的空间系统机制。

四、推进公共空间建设优化服务功能的思考

满足人民对美好生活的期待、憧憬是中国式现代化道路的主引擎，在这一进程中，建设公园城市提升公共空间服务功能是重要的实践路径。公园城市建设不仅引发了社会成员对自身生存环境、生产环境、生活环境、交往环境的优化和如何通过物质条件改善与和谐精神培育使社会运行更加高效有序的思考，同时触发了城乡公共空间共同体构建、社会治理方式更新、社会角色转换、社会情感培育等方面的巨大变革，需要进一步从城市社会学、社会心理学、空间社会学、发展社会学等领域对相关问题进行讨论与分析，以促进公共空间服务功能的优化。

（一）把握公共空间建设和服务功能提升的基础和条件

推动公园城市建设优化公共空间服务功能是否需要前置性基础条件，换言之，是否所有城市都适合推进公园城市建设，需要进一步的深入研究。目前，学界有两种观点，一种观点认为，城市发展模式选择、空间服务功能提升等一切都是由城市发展所处的历史条件决定，超越阶段谈城市建设不但不会满足社会成员的需要，还会带来一系列的社会问题。我国的城市化先行区在基础设施、产业支撑、公共服务等方面都有先发优势，而后发地区在这些方面处于弱势地位，财政支出项目较多、支撑能力较弱，公共服务资金持续性投入不足。且在城市化过程中，后发地区没有处理好生态保护与产业发展的关系，发展的多为高污染、高耗能产业，经济结构转型较为困难。这时，一些地方忽视公园城市所需的基本物质、治理支撑等条件，盲目推进导致了很多烂尾工程，反而损害了城市形象。因此，在

历史欠账较多的条件下，超越现发展阶段推进公园城市建设是不现实的，也是违背城市发展规律的，要“尽力而为、量力而行”，推动实现可持续发展。另一种观点则认为，城市发展模式的选择不是递进的而是平行的，公园城市核心的价值理念是共享，在一些城市发展较为落后的地区，更急需整合政府、社会、个人的力量，对接国家针对城市化地区、农产品主产区、生态功能区的功能定位，在未来城乡建设中高质量制定发展规划，淘汰落后产能，推动产业的“以旧换新”，更新城乡空间布局，建设共享水平更高的公园城市。而就实际而言，城市发展和公共服务体系建设具有过程性，不是一蹴而就的，公园城市建设需要较高的经济发展水平、较好的社会治理结构、较优质的社会服务体系、较高质量的生态环境、较发达的现代产业基础。现实中，依靠外力更多只能补基础设施建设不足、产业发展质量不高等“短板”，却无法强治理效能不高、社会参与不足、“开放、包容”度不高、城市运行质量不优等弱项，这些方面与城市管理者、参与者素质和公共服务体系运行的效率有关，是无法通过短时间的建筑堆砌与空间塑造能够弥补的。

（二）突出公园城市特色提升公共空间吸引力

除可以观察到的城市生态环境、居住环境、交通环境等显性功能变化之外，公共空间还具有约束社会成员行为、改善人际关系、弥合社会创伤、提升不同社会阶层间的相互认同等隐功能，使社会运行更加和谐有序。从客观上讲，公园城市推动了公共空间的快速发展，但受认知条件、不正确的“政绩观”等因素的综合影响，一些建设者将公园城市等同于一般类型的城市，仅将公共空间的多少作为衡量城市发展的核心指标，搞“大拆大建”，注重城市建设的“表象”，忽视了城市发展的“内核”，变相引发了城市物价上升、居民生活成本提高、公共服务质量下降等系列问题，进而降低了居民的幸福感和安全感。此外，在推进公园城市建设中，对“公园”数量、面积、种类的盲目追求，忽视了城市自身的文化底蕴，造成了典型的、个性化的城市“符号”特征逐渐消逝，城市历史记忆消散，失去了城市特色，形成了“千城一面、千篇一律”的城市建设现象。这就需要我们在思想上充分认识到，公园城市建设亟需具有指导性的意见，针对不同区域的特质，因地制宜建设文化型公园城市、产业型公园城市、生态型的公园城市，挖掘公共空间的特质，形成公共空间系统，提升服务功能。

（三）拓展公共空间的社会交往功能

公园城市是物质生活富足、公共服务体系完善、人际关系和谐的幸福城市类型。从建设目标上来看，坚持以人民为中心是公园城市的核心价值理念，人民幸福感的提升是关键测量指标。从现实来看，“物质—精神—环境”系统的和谐、友善、通畅是提升社会成员幸福指数的关键因素，这就一方面要求，交通、居住、产业等影响社会成员物质获取的因素要有一个较为合理的范围，换言之，城市的空间尺度既可以满足社会成员生产生活需要，也可以满足日常社会交往需要，不能无限扩张。另一方面，社会成员要有充足的时间在公园或其它类型的公共空间中享受闲暇时光、进行自我陶冶、获得情感支持。因此，公园、咖啡馆、图书馆、电影院、音乐厅等城市公共空间的利用率也是衡量城市发展质量的重要指标。此外，在物质与精神层面之外，还需要消除社会成员之间的冷漠感，使居民能从共同的文化背景、社会情景、相似习惯中获得心理上的支撑、慰藉，孕育相互吸引的共同文化气质和共同体意识，形成良好的社会沟通网络，提升公共空间的归属感。

（四）注重公园城市建设中“硬件”与“软件”的配置均衡

与田园城市、花园城市、森林城市等城市形态相比，公园城市更注重“原生空间”与“衍生空间”的平衡统一问题。实践中，公园城市仅将自然生态环境、生活生产格局、城乡“公园式”的建筑体系等作为提升城市品质的基础要素，强调以“市民—公园—产业—城市”为要素的和谐空间系统打造才是公园城市建设的本质意义所在，这就需要在理论和实践上持续深入研究未来城市的社会阶层结构、空间结构分化、“人—产—景—城”的圈层结构等重大课题。从目前公园城市建设的发展方向来看，着力重点是构建一个社会、生态、产业相互“嵌入”的新型城乡共同体结构。而实际上，公园城市需要在刻意的设计规划与原生态的自然环境中寻求相互契合、深度融合的链接点，进而以“人—田—水—山—土—林（草）—产—城”为要素形成更为理想的城乡空间共同体结构，使原生景观与衍生景观的空间结构布局更加合理，城市更加宜居、宜产、宜业、宜人。从这个角度而言，城乡密集的、类型多样的公园布局是公园城市的底色，但仅是“公园”的累加是建不好甚至建不成公园城市的。如果把“公园”建设看成公园城市的“硬件”，那么处在“公园”中的“人”就是核心的“软件”，换言之，公园城市需要综合素质高、富有包容性、社会心态好、集体意识强、价值判断正确的现代化的“人”，因此，社会成员的现代化与“硬件”的现代化同等重要，二者相辅相成、缺一不可。

第二节　城乡基层社会治理中的城市困难群体帮扶工作

城市困难群体脱困解困是保障和改善民生的重要内容，是协同推进“人民富裕、国家强盛、中国美丽”和建设社会主义现代化国家的重要组成部分，是促进社会公平正义、推进城市治理现代化的重要方面。

一、城市困难群体帮扶工作的重点

关于城市困难群体的界定，学术界有不同的标准。城市贫困人口有广义和狭义之分。广义的城市贫困人口，是指发生在城镇地区的覆盖城镇常住人口而非仅仅城镇户籍居民的贫困人口。狭义的城市贫困人口，是指城镇户籍居民的贫困人口。本节研究涉及的城市贫困人口仅指狭义的贫困人口，即城镇户籍居民的贫困人口。

目前，江西赣州市、广西钦州市、湖北武汉市武昌区等中西部城市已采取措施，加大对城市困难群体脱困解困的扶持力度。近年来，各级党委、政府，在全力打好农村社区脱贫攻坚战的同时，将帮助城市困难群体脱贫解困作为重要的民生工程来抓，一大批惠民举措落地实施，城市困难群体基本生活明显改善。但与农村社区精准扶贫相比，城市困难群体各项保障措施存在不平衡不充分问题，部分群众在生活、就业、医疗、教育、社保、住房等方面还存在不少困难。城镇困难群众脱困解困是保障和改善民生的重要内容，是培育更大规模中等收入群体的重要路径。因此，提升城市困难群体的保障水平刻不容缓。

从精准扶贫的实践来看，农村社区的贫困人口致贫原因主要包括缺乏劳动力、疾病、自然环境较差、自然灾害频繁、文化素质较低、子女教育投入大等。与农村社区贫困人口相比，主要疾病等原因导致了一些城市居民生活陷入困境，另外，失业率上升、社会风险增加、老龄化速度加快也给城市居民生活带来了较大的困难。

在城市人口就业方面，导致城市人口失业的主要原因包括产业结构调整、农业人口向城市转移导致的劳动力过剩、企业改制、企业破产等。产业结构调整是导致失业的主要原因。传统的劳动密集型产业（如纺织、服装、玩具、日用电子产业等）劳动力需求量较大，新兴产业（如IT产业、生物科技、智能制造等）劳动力需求量较少。传统的一些产业（如钢铁、煤炭等）产能过剩，加之先进技术的使用和劳动生产率的提升，导致这类产业提供的就业岗位越来越少。由于人口从农村向城市流动，导致了劳动力总量过剩，变相地增加了城市人口的就业压力。结构性失业也是导致城市人口失业的重要原因，在一些“脏苦累”、工资较低的工作面前，农村社区向城市流动的人口更具有竞争力。而下岗失业群体在一些技能要求高的岗位上又显得竞争力不足，因此产生了部分城市人口就业的“选择性困难”现象。企业改制、企业破产使一部分工人下岗失业也是导致城市人口就业困难的主要原因，如果下岗后能及时地找到工作，即使没有低保和其他社会保障，也不会给生活带来较大的影响。而在实际中，一些企业没有按规定为职工缴纳社会保障费用，职工失业后就缺乏了保障，特别是一些年龄较大的城市居民在失业之后很难找到合适的职业。收入来源不足、渠道不畅导致城市贫困人口增加，再遇到疾病、意外灾害等社会风险时就可能导致生活困难。在众多致贫致困风险中，疾病风险对城市居民的影响最大，因病返困的比例较高，这不仅因为治病会给居民带来高昂的花费，还因为疾病可能会使居民丧失劳动能力和劳动机会，导致家庭收入的下降。随着信息社会的快速发展，投机风险增加，电信诈骗、网络诈骗对城市居民的财产有较大的损害，导致了一部分居民生活的不确定性因素增加。城市老龄化速度加快，老年人口占比持续上升。

此外，在城市中还有一些特殊困难群体值得关注，比如，流浪乞讨人员、艾滋病患者等。由于流浪乞讨人员的社会救助工作涉及的单位多、覆盖面广、救助的对象较为复杂，目前尚无明确的部门职责分工，对具体流浪乞讨人员的处置缺乏明确的工作流程，容易导致管理缺位、工作缺失现象的发生。为了获得经济利益，流浪乞讨人员强行乞讨、骗取救助的现象偶有发生，特别是在重大节日期间。还有一些流浪乞讨青年不愿意说出流浪乞讨的原因，有些可能有背后的利益集团控制，短时间内难以核查清楚救助对象的背景。特别地，一些患有精神疾病和身体残疾的流浪乞讨人员，需要专业的人士进行救助，而救助站的医护水平有限，无法提供全面的服务。部门职责不够明确，重救助轻管理，“二次流浪”问题比较突出。在具体救助中，处在发现救助流浪乞讨人员第一线的基层社区，工作人员缺乏，很难对辖区内的流浪乞讨人员实施全方位的监控。加之，社会舆论的约束力和号召力不足，媒体的社会公信力不足，一些关注流浪乞讨人员的报道有可能被市民认为是“炒作”，反而不利于流浪乞讨人员关爱工作的开展。在欠发达地区，作为非竞争性投资项目的公益事业，公共财政关注和投入较少，市场的参与能力有限，在这些特殊群体的救助中，企业的社会责任履行不到位，公益事业发展滞后，严重制约了关爱流浪乞讨人员社会化服务体系建设。

二、城市困难群体帮扶工作面临的困境

虽然各地都在采取措施推动城市困难群体脱困解困，但在实际操作中，城市困难人口帮扶还面临着很多具体的问题。

（一）缺乏统一的困难群体认定标准

认定标准不统一是城市困难人口帮扶面临的首要问题。目前，从国家层面看，仍没有制定一个统一的城市贫困标准。从实际操作的情况来看，城市最低生活保障标准实质上承担了城市贫困线的角色，但这种低保标准因存在标准不统一、标准水平低、覆盖面小等方面的局限，与当前经济社会发展的阶段不相符。1999年9月，国务院颁布了《城市居民最低生活保障条例》，要求各地方政府从实际出发制定地方的低保标准，但并没有确定城市贫困标准。目前，全国各地基本上是把城市低保标准等同于城市贫困线，这种方法具有诸多方面的局限，主要是各地城市低保标准差异较大。城市低保标准由各地自行制定，各地方法不统一，标准相差较大，城市贫困人口的识别难度大，导致保障措施难以精准实施。特别是各地的城市低保标准受经济发展水平、政府财力影响较大，地区间可比性较差。在经济发达地区，由于地方财力充裕，城市低保标准通常较高；而在经济落后地区，受制于地方自身的财力，城市低保标准通常较低。

（二）城市低保覆盖范围较小，标准明显偏低

一段时间里，随着经济社会发展，城市贫困人口类型不断多样化，城市低保因救助的功能和性质不同，难以全部覆盖城市贫困人口。城市低保最初主要是针对国有企业体制改革出现的下岗、失业人员和“三无”人员，即无生活来源、无劳动能力、无法定抚养义务人。但是，城市的贫困户并非只有低保对象，城市除了低保对象外，还存在大量的低收入家庭。这部分家庭虽然能够靠自己的收入维持基本生存，但由于收入水平低下而

难以达到常规生活水平，并且其生活中的风险很大，一旦遇到家庭成员失业、患大病或其他风险事件，很容易陷入较为困难的生活境地。

（三）城市扶贫工作受到的关注度、支持力度相对较低

相比农村社区的扶贫力度，城市脱困帮扶工作受到的关注度相对较低。除极少数地方政府出台城市扶贫政策外，其他各地的城市扶贫工作尚没有展开。无论是国家层面还是地方层面，都是把工作的重点和中心放在农村社区，人财物大量投入精准扶贫和乡村振兴，以确保在实现全面建成小康社会后，农民能持续地增收，生计发展得到有效的保障，不出现大规模的返贫现象。在城市社区，虽然不少家庭已跨过最低生活保障线，但由于医疗、教育和基本生活等刚性支出较大，在一些区域，城市贫困人口实际生活状况较差。

（四）没有专门的城市贫困人口扶贫机构

由于对城市助困帮扶问题重视不足、缺乏统筹，城市反贫困的职能分散在诸多部门，各部门对城市困难群体的范围界定差异较大，标准不一，对城市困难群体的帮扶呈条块分割现象。民政部门负责城市低保、优抚、老年社会保障工作，把最低生活保障对象作为帮扶对象；劳动和社会保障部门则负责失业下岗人员和离退休低收入职工帮扶救助工作；工会负责城镇困难职工的帮扶工作，把“基层单位特困职工”作为工作帮扶对象；残联负责城市残疾人的帮扶工作；妇联关注弱势妇女儿童的生活。与农村的精准扶贫相比，一个明显的不同是，为解决农村的贫困问题，各级政府都设有扶贫办专门负责，每一个贫困社区都有定点帮扶单位，每一个贫困户都有“一对一”帮扶人。而在城市还没有一个牵头部门负责扶贫，帮扶城市贫困人口的工作分散在人社、卫生、医保、教育、工会、残联等部门。目前，农村精准扶贫已取得全面胜利，城市扶贫工作应该提上议事日程，应该开始着手建立统一的城市扶贫机构。此外，城市社会救助机构获取的支持不够，服务能力偏弱。研究发现，各级社会救助站是所在市、县民政

局的二级单位，在编人员多是转业军人，救助工作力量不足，临时性救助与长效救助措施衔接不到位。除在编人员外，大部分都是聘请的社会化工作人员，且50岁以上的人员居多，这些工作人员缺乏科学的救助理论知识武装，一些工作人员管理理念滞后，缺乏基本的救助意识与服务意识，没有完全实现对残疾人、妇女、未成年人、老年人、伤残智障人员等进行分类救助，救助专业化程度低，管理无细化标准。特别是面对一些精神病、伤残、年轻的流浪乞讨人员时，对工作人员的服务意识、专业态度和奉献精神要求更高，而在现实中，由于自身素质、工作环境和工作能力等原因，站内救济工作人员的服务水平提升缓慢。

（五）资金筹措不足，导致很多保障措施难以落实到位

目前，城市困难居民帮扶资金的筹措渠道较窄，筹措资金的数额较小，使用范围较为固定；帮扶对象的认定标准较为严格，覆盖面较窄，帮扶数额较小，帮扶效果不明显。社会捐资规模较小，来源渠道单一，资金规模不稳定。受慈善机构社会信用的影响，一些捐助主体不愿意投身慈善事业，进一步削弱了城市困难居民帮扶的后劲，不利于城市困难居民帮扶体系的建立。加之，现有的帮扶资金缺乏统筹的现象也较为突出。目前，民政系统、工会系统、残联系统、妇联系统的帮扶资金都是受系统上级垂直管理，彼此缺少横向联系。在具体工作中，各部门沟通、协调不够，帮扶的带动作用较小，资源的共享联动机制不健全，缺乏工作合力。

三、以系统理念完善城市困难群体帮扶机制

完善城市困难群体的帮扶机制，推动城市困难群体帮扶工作常态化迫切而重要。

（一）明确城市贫困人口帮扶的工作目标

充分运用现代技术、工作台账开展全面摸底调查，加强基础数据的收

集。在现有民政部门、残联、工会等提供的贫困人口统计数据的基础上，以社区为单位进行摸底调查，建立城市贫困人口数据库。在信息搜集过程中，突出政策的针对性，细化帮扶对象的认定标准，对帮扶对象进行分类，对因病、因学、因残、因工伤、因意外伤害导致的城市贫困人口建立帮扶档案。建立银行、房管、公积金、社保、交通等部门的信息联动机制，对困难帮扶对象的资格严格审查，力争帮扶对象认定工作精准、精确。

在政策制定中，按照“保基本、兜底线、促公平、可持续”的工作原则，强化对帮扶对象的政策兜底，制定符合本地经济社会发展实际的帮扶措施，既要做到全面帮扶，尽力而为，又要做到实事求是，量力而行。在提升工作效率的同时，也要提高质量，落实长效机制，做到帮扶路上“不落一个人”，确保城市人口能够得到全方位帮扶，使全社会都能够享受经济社会发展带来的福利。突出重点人群，加强对未成年流浪乞讨人员救助保护工作的立法，健全现有儿童福利院等救助机构的职责职能，提升机构接收救助流浪未成年人和弃婴的能力，及时动员社会力量查找其亲属。强化动态管控，制定专项社会救助计划，建立城市困难群体帮扶的应急响应机制和动态调整机制，每年按照要求进行帮扶对象信息的录入清理，做到帮扶对象精准、帮扶底数精准、动态调整标准精准、帮扶效果评估精准。民政、群团组织要建立相互配合的协调机制，定期做好不符合帮扶要求人员的清理和退出，并综合各类社会保障措施做到应保尽保，提升帮扶工作的科学化水平。

（二）强化“输血式”助困工作的力度

积极建立城市困难群体帮扶的“输血”机制，强化城市助困的保障措施，为城市困难群体提供兜底的基本生活保障、基本住房保障、基本医疗保障等保障措施。落实困难群众的低保，为困难老人提供基本养老服务，加大公租房的覆盖面，对无住房且自愿选择分散供养的老年人，按相应标准给予住房救助，提升公租房的受益范围。对因病致困的职工，将其纳入基本医疗保险、大病补充保险和医疗互助保险保障体系。借鉴精准扶贫中针对贫困户实施的基本医疗保险、大病保险、疾病医疗商业补充保险、医疗救助等政策，并参照相关的缴费政策、报销比例、救助标准等，提升城市困难群体的医疗帮扶力度。建立重点群体的定期帮扶机制，健全针对城市困难儿童的帮扶措施，尤其是在假期建立符合社区儿童成长需求特点的日间照料、心理健康和生活保障的帮扶机制，提高社会参与帮扶困难家庭儿童的力度。加大对艾滋病患者、社区矫正人员、服刑期满人员的帮扶，引导这类群体尽快融入社会。针对产能结构性调整、企业改制导致的下岗工人群体，提供生活保障；对因相关企业欠缴、逾期缴纳社会保险费以及没有落实有关社保待遇的困难职工，将其依法依规纳入国家社会保险范畴，并鼓励这个群体成员二次就业、创业。加大对先天性残疾、重度残疾、重大疾病患者的精准帮扶，提供低保救助，强化财政投入，提升帮扶标准，并形成“一对一”的长效帮扶机制。创新举措做好患有“尘肺病”、职业皮肤病、职业眼病等职业病群体的帮扶工作，通过财政补助的方式为这一群体提供定期体检，并提供必要的保障。针对精神疾病、心理疾病群体建立专业科学的帮扶机制，推动这一群体得到更好的照顾。做好失独家庭的帮扶，加大工作力度，强化日常生活保障和养老托底保障。针对失能、半失能特困人员，在落实低保等政策的基础上，落实照料护理经费，提升这一群体的生活质量。

（三）创新“造血式”帮扶工作方式，建立健全教育帮扶体系

积极开展教育帮扶宣传，引导城市困难群体重视子女教育。建立“普惠制”的学前教育体系，减免城市困难家庭的幼儿教育费用；加强义务教育阶段城市困难群体的子女教育的帮扶力度；通过组织生源地助学贷款、“金秋助学”、申请国家奖助学金、勤工俭学、减免学费等方式为接受高等教育的学生提供及时的物质帮助。积极发展继续教育，通过建设社区书屋，开展送教下基层、送技术下社区等方式大力发展社区继续教育，积极培育城市社区居民的自强、自助精神。利用成人教育、社区教育平台，开展城市困难群体的技能教育。做好城市困难群体的职业教育，按照国家大

中专学生的标准给予学费的减免和生活费补助，采取政府购买服务的方式委托职业院校、社会机构、技术企业开展针对城市困难群体的技能培训，扩大技能培训的受益面。建立再就业帮扶体系，结合“春风行动”，定期举办针对城市困难群体的专场招聘会，提升城市贫困人口的就业率。按照“因需施训”原则，举办各类技能培训班，实行“项目管理、实名制培训”的模式，探索以“技能培训—自主创业—实现就业”为主要途径的城市困难群体就业再就业模式。鼓励企业采取“以工代训”的方式，试用、聘用一批城市困难群众。政府可以根据城市治理的需要，设立更多的社区公益性岗位，如文明劝导岗等，优先安排四五十岁的困难群众。

（四）探索“联动式”帮扶工作的路径

积极开展“联动式”帮扶，发挥社区在获取居民信息、整合帮扶资源、开展精准帮扶中的作用，整合调动社区各类社会力量，开展“一对一”精准帮扶。积极发挥基层党员优势，通过建好“专业社区干部 + 社区居民 + 志愿者”帮扶队伍，成立由党员代表、居民代表、人大代表、政协委员、离退休干部等组成的监督委员会，推动城市困难群体帮扶工作的落实落地，并将有关决策情况进行公示，接受全体居民的监督。培育发展公益性的社会帮扶组织，优先发展公益慈善类、行业协会类、民办非企业类等社区互助社会组织，鼓励社会爱心企业、个体户积极参与针对城市贫困群体的社区“微公益”事业，并结合城市文明创建和志愿服务开展“我为城市困难群众献爱心”活动，鼓励城市居民关爱身边的贫困群体。在党员“双报到”活动中，鼓励党员积极参加社区公益性帮扶事业，并综合利用现代技术，开展网络公益活动，汇聚社会关爱城市困难群体的巨大力量。建立城市贫困人口需求与社会救助资源相对接的信息平台，完善促进社会力量参与帮扶的政策措施。加强政府机关对城市社区帮扶的指导，整合党校教师、高校教师、各类讲师团等力量研究城市困难群体问题，提高社会对城市困难群体帮扶的关注度。要积极发挥政协的作用，组织一批关于城市贫困人口帮扶的政协提案。加强对困难群体帮扶的监管，提升联动帮扶的社会公信力。

（五）提升“临时性”帮扶工作的精度

建立城市应急帮扶体系，强化返贫风险防控机制建设，把因完全或部分丧失劳动能力，因灾、因重病、因重残、因突发事件致贫返困，实际生活水平低于本地区城市最低生活保障标准的群众，纳入城市应急帮扶体系。将低保边缘户、最新脱困户纳入临时性帮扶对象继续给予就业、低保等帮扶支持1—2年。对遭受特别重大困难的城镇贫困群众，在给予各种社会保障、社会救助、社会帮扶后，仍不能使其摆脱困境的，应当纳入临时特别救助范围。探索建立“奖励性”临时帮扶机制。设立“自助脱困奖励基金”，针对通过自身能力优先脱贫的城市居民，除享有就业、教育、社会保障上的政策优惠外，还要给予物质奖励。同时，对优先雇用城市贫困人口的企业、协会，同样给予税收、项目、资金等方面的支持，对开展帮扶工作成效好的社区，给予社区工作资金支持，并将帮扶工作作为年终考核和干部考核的重要依据。

（六）加大对特殊困难人群的帮扶力度

在城市困难群体帮扶工作中，重点群体的需求要给予特殊关注。例如流浪乞讨人员在社会治理的框架下，建立针对城市流浪乞讨人员的帮扶体系，推动形成科学合理的流浪乞讨人员社会救助的协同机制。民政部门要在本级流浪乞讨人员社会救助体系建设中起到牵头抓总的作用，并做好救助站的监管、督促等工作。公安、铁路等部门要在流浪乞讨人员社会救助中起到桥梁和纽带的作用。公安部门在执行公务时发现流浪乞讨人员，应及时告知、转送到救助站实施救助，对有疾病的，要及时通知医疗机构。卫生、司法等部门要加强协作，为流浪乞讨人员提供必要的医疗救助和司法援助。要进一步强化政府和各级民政部门主管本行政区域的救助管理工作，落实民政部门的职责，针对不同类型的流浪乞讨人员，积极开展分层救助与科学管理，保障流浪乞讨人员接受救助的权利，提升救助效果。采取公开选聘、内部培养、社会化招聘等方式选育一批热爱救助事业、有奉献精神、爱岗敬业、熟悉业务的救助人员，提升救助站工作人员的能力素质，积极开展救助人员能力素质提升工程，制定发展规划，保证救助人员层次梯队科学合理。建立救助人员激励机制，提升经济待遇和晋升机会，增加救助管理岗位的吸引力。积极开展业务培训、法律法规培训和应急处置能力培训，提升救助人员的业务水平和能力素质。建立科学合理的经费使用管理机制，使经费更好地为救助服务，做好对救助专项经费、物资的管理，加强对流浪乞讨人员救助的经费保障，按时足额地拨付救助管理经费。对流浪乞讨人员的救助经费要采取专款专用，由专人管理，定期或不定期地开展专项督查，严厉惩处套取、挪用、贪污等违规使用专项经费的违法犯罪行为。及时开展专项物资的清查，对私用物资的行为坚决予以纠正。要加强救助保障工作，通过加强基础设施建设，配齐配全必要的交通工具、住宿、医疗设施，提升各级救助站的服务能力。重点加强救助站的自身管理，明确工作分工，提升救助服务效能。积极整合社会力量，为流浪乞讨人员提供必要的心理辅导和行为矫治。坚持教育与救助并重，强化对流浪乞讨人员的人文关怀，对有能力自食其力的流浪乞讨人员要提供必要的文化教育、技能培训、就业帮扶等高层次的服务。

（七）突出帮扶工作制度性保障

参照农村社区精准扶贫的制度安排，强化组织领导，成立城市困难群体帮扶领导小组，由本级党委或政府主要负责同志担任组长，统筹本地区的城市困难群体的帮扶工作。建立城市困难群体帮扶的联席会议机制，定期召开会议，分析、研判所在地困难群体帮扶面临的突出困难，细化民政、人社、教育、群团等部门的工作责任和任务分工，并制定《城市困难群体帮扶规划》，增强帮扶工作的指导性和科学性。强化财政投入，扩大对城市困难群体帮扶资金的财政预算，根据财政收入的增长速度，适时地调整城市困难群体帮扶资金的总量和覆盖范围，积极构建与城市困难群体帮扶相适应的财政投入增长机制，并合理追加财政预算资金，用于城市困难群体的临时性救助帮扶。发挥社区在城市困难群体帮扶中的关键作用，让城市社区居民代表大会、社区委员会等社区自治组织的自我管理、自我服务和自我教育作用在社区帮扶工作中更加显现。按照相关法律政策，充分征集民意，实现社区的集体抉择、管理和监督，提升社区困难群体帮扶工作的针对性。

第三节 城乡基层社会治理中的社区居家养老服务体系建设

我国从2000年步入人口老龄化社会以来，人口老龄化的速率在快速增长。根据2021年国家统计局公布的第七次全国人口普查数据显示，目前，我国60岁及以上人口为26 402万人，占18.70%（其中，65岁及以上人口为19 064万人，占13.50%）[①]。我国人口老龄化的一些问题随着农村青壮年异地转移就业、家庭规模缩小和结构变化而变得日益突出。因此，推动养老事业的健康发展已成为重要的基层治理课题。

建立现代养老服务体系，目标是满足老年人多样化、差异化的需求，重点是要加快养老服务业的发展，核心是要充分整合社会资源，激发社会力量，形成社会化养老服务的合力。在实践中，社区居家养老是一种很好的选择。社区居家养老满足了老年人不愿离开自己长期生活的家庭环境而进入一个全新的环境去养老的诉求，解决了欠发达地区养老的政府投入力度不够、服务模式单一的问题，推动了老年人产业链和老年人的全面发展。但就现实状况而言，构建家庭、社会和政府多元主体协同的社区居家养老模式，在政策上和理论上的支持略显不足，在欠发达地区这种状况更为突出。因此，加强对社区居家养老的研究与探索，有助于在理论上和政策制定上推动社区居家养老的开展，有助于解决养老资源不足与养老负担

①《第七次全国人口普查主要数据公布》，人民网：http://finance.people.com.cn/n1/2021/0511/c1004-32099968.html。

沉重的问题，有助于在服务中维护老年人的尊严，实现老年人的人生价值，提升老年人的幸福感、获得感和安全感。

一、社区居家养老研究发展的现状

党的十九大报告确立了“老有所养”的战略目标，党的十九届五中全会提出了“优先发展社会养老服务”的战略方针，在全国国民经济和社会发展第十四个五年规划纲要中，也强调要积极应对人口老龄化，大力推进社会养老服务体系建设。目前，研究者从以下方面对社区居家养老进行了研究：①国外社区养老服务的主要模式。国外的社区养老服务模式主要有英国福利国家主导的社区照顾模式，美国医疗照顾主导的社区服务模式，日本护理保险主导的家庭福利模式，新加坡中央公积金主导的社会参与模式。②社区居家养老的概念研究。刘益梅（2014）认为，居家养老是建立在社区基础之上的社会化养老服务体系。它旨在为居住在家庭中的老年人开展社会化服务，是一种个人自理加社区援助的社会化养老方式，包括集居式与分散式两种形式。其中，分散式是指老年人分散居住于原社区中，由社区为老年人提供全方位服务。吴珏（2013）认为，社区居家养老是以家庭为核心，以社区为依托，以老年人日间照料、生活护理、家政服务和精神慰藉为主要内容，以上门服务和社区日托为主要形式，并引入养老机构专业化服务方式的社会化养老服务体系。③社区居家养老的服务内容研究。侯冰（2018）研究了城市老年人社区居民养老服务的需求层次，认为，老年人的社区居家养老服务需求呈现出“期待性”高于“依赖性”的倾向，常常集中于日常照料服务、紧急呼叫服务、医疗保健服务、精神藉慰服务、文化娱乐服务、婚介服务、老年人再就业服务、老年人权益保障等服务项目。赵亚奇（2020）认为，在政府主导下，将社区居家养老和社区智能化服务相融合，创造线上、线下相结合的养老服务模式已成为未来发展的必然要求。此外，一些研究者认为，社区居家养老的实施客观上要求构建老年人社区照顾的支持网络，这种支持网络既需要有家庭成员、亲朋好友、邻居及志愿者等群体的“非专业”照顾，又需要专业人员通过多样化的服务方案对“非专业”照顾形成必要的支持与补充。④关于社区居家养老服务存在的问题研究。叶艳（2014）对杭州市居家养老服务研究发现，杭州市居家养老服务存在供给无法与需求对称，服务项目、服务设施都还不太完善，资金来源缺乏、来源渠道单一，社区覆盖范围较小等问题。王拓（2013）对沈阳居家养老模式进行研究发现，尽管沈阳市政府投入1000万元建设100个示范性日间照料站，同时在9个区各确定10个试点社区安装智能健康监护管理系统，每个社区补助3万元运营资金，但相对于建立完整社区居家养老模式的社区，政府的支持力度还是远远不够的。王喜春（2020）认为，济南市社区居家养老服务主要存在养老服务体系不健全、居家养老服务设施建设滞后、居家养老需求与服务供给不匹配、专业的养老人才缺乏、多元福利主体发挥作用不足等问题。⑤我国社区居家养老的模式研究。目前，我国社区居家养老模式主要有四种，第一种是力推综合性服务与规范化管理的上海模式，第二种是发挥志愿者服务作用的武汉百步亭模式；第三种是建立企业支持的昆明模式，第四种是“互联网+”社区居家养老服务模式。以上社区居家养老服务的探索，为其他地区开展社区居家养老服务体系建设奠定了坚实的基础。

二、社区居家养老面临的困境

（一）社区老年人的支付能力较差

在地域偏远、交通不便、自然灾害频发的一些地区，社区的基础设施、产业发展和社会公共服务方面发展较为缓慢，对资金的需求量也非常大，社区居民的产业发展和生活质量持续改善的能力较弱，老年人的收入渠道较少和增收能力较差，这就造成了一些社区居民的支付能力较差，即使提供了较为便利的社区居家养老服务，也不能保证所有人共享社区居家养老服务。

（二）社区居家养老发展不平衡、不协调的现象突出

受经济发展水平和政策执行水平的影响，各地的社区居家养老水平差异较大，主要体现在：一是各地养老服务体系建设水平参差不齐，社区阵地建设、社区居家养老供给能力差异较大，这就在客观上造成了社区居家养老服务发展跨区域协调难度大。二是政府购买社区居家养老服务不足，特别是在西部欠发达地区的偏远山区，随着农村社区青壮年异地转移就业、家庭规模缩小和结构变化，未来相当长一段时期，老龄化、高龄化、空巢化趋势将更加明显，家庭养老支撑力度不足。而由于财政投入不足，市场主体投资养老服务的回报率低，投资风险大，社会养老很难影响到这些地区，导致这些地区养老需求、老龄事业和养老工作的矛盾日益突出。三是资源整合能力较差。目前，在一些西部欠发达地区，区域内的养老资源整合机制亟待建立，跨区域合作仍未提上议事日程，呈现出资源不足或资源过分集中的现象。

（三）社区养老服务专业化程度不高

在社区养老服务发展过程中，专业人才缺乏是影响养老服务质量的一个关键问题。研究发现，西部D市的社区居家养老的工作人员与被照顾对象的比例是1∶30左右，且从事养老服务的社区专职、志愿者服务人员大多是非专业人士，缺乏医疗保健、康复护理、心理健康辅导、文体娱乐等专业知识和技能。而招聘的人才，待遇水平较低，工作人员的流动性较大，工作缺乏系统性和连续性，形成不了团队合力，导致较高层次的、专业化的服务项目较少，心理咨询、临终关怀等专业化服务难以开展，难以满足老年人多层次的养老服务需求。

三、完善社区居家养老服务体系建设的思考

（一）强化党委、政府在社区居家养老服务协同机制建设中的主导作用

基层党委、政府是社区居家养老政策的制定者和施行者，要强化在社区居家养老服务协同机制建设中的主导作用。首先，强化制度建设。各级政府要把建立健全养老服务协同机制纳入重要议事日程，加快推进县（市、区）、乡镇（街道）和村（社区）居家养老三级服务网络建设，建立和完善工作机制，为社区居家养老服务协同发展提供支持。建立区域性社区居家养老服务的联席会议制度，协调解决养老基础设施、人才、资金等有关问题，督促有关目标任务落实，推动工作顺利实施。其次，创新工作举措，强化主管部门的业务指导。各地民政部门要发挥好业务主管职能，积极探索跨区域养老新模式，开展跨区域购买养老服务试点，推动养老服务产业园建设，解决区域老年福利和养老服务方面的身份和户籍障碍，引进大型的社区居家养老服务企业，走社区居家养老服务的品牌化、连锁化发展道路。编制社区居家养老服务发展规划，将规划的目标任务分解成可操作、可落实、可评价的具体举措，分解到具体部门、单位和人员，明确内容、时间和工作要求。建立科学的评估监督体系，加强监督检查和评估分析，认真开展调查研究，及时总结地区社区居家养老协同发展的经验。最后，创新服务项目。坚持以人为本，促进精神养老与物质养老的协调发展，加快推进老年教育、文化、健身等服务设施建设。推进老年活动中心与老年大学资源合并和建设。鼓励有条件的高校、中医药职业院校开设老年服务、护理、康养等专业，在有条件的重点村、特色村、中心村新建老年活动中心，加大对老年体育健身设施建设的投入力度，在进行城乡建设、旧城改造和社区建设的同时，安排老年体育健身活动场所，通过加强公共设施建设，为老年人参与学习、文化体育和娱乐健身活动创造条件，

推动老年文化的繁荣发展。全面推动村（社区）自治组织、公共服务组织、养老服务组织协同配合，共同开展居家养老工作，并强化家庭成员养老、爱老责任意识，提倡家庭子女出资为老人购买养老服务。

（二）强化区域养老资源的整合

城乡养老资源不平衡不充分的矛盾，需要实现养老资源在更大范围内配置。首先，加强区域内养老资源的合理配置，将机构养老地点转移到郊区或乡镇，充分考虑市场需求，合理规划、整合资源，重点建设敬老院，突出政府保障功能。在城区，以小型化、扩散式为指导思想，多点开花，突出社区养老功能。在近郊区，以交通和医疗服务便利为布局原则，突出医养结合功能。以协会或公司的形式整合新农社区综合体闲置房屋，采取租赁、提供服务等方式向老年人提供居家养老服务。采取典型示范，在有条件的乡镇（街道）的新农村综合体建立集短期托养、日间照料、文化娱乐、康复护理、助餐服务等多种功能于一体的综合性养老服务中心，同时承担本区域居家养老服务的协调、指导工作。其次，开展管理经验分享活动。协调有居家养老机构的社区互帮互助，给予管理落后的社区居家养老机构在规章制度、服务标准、工作流程、监督机制以及绩效评价体系等方面的管理支持，也可采取代岗培训，派员驻点帮扶、召开座谈会、信息通报，为受援方提供技术指导待岗实习的方式，提高管理人员的经验和服务水平。最后，强化专业团队的技术指导。通过政府购买公共服务的方式，聘请专业养老服务团队，通过委托管理、公建民营等方式推进社区居家养老服务社会化。

（三）拓宽社区居家养老的筹资模式

建立科学合理的社区居家养老筹资模式是持续提升养老服务水平的关键。首先，探索吸纳适度的民间资本参与社区居家养老服务体系建设模式。成立专门机构，鼓励和引导民间资本以独资、合资、合作、联营等多种方式参与养老服务。政府要将土地供应、税费减免、财政补贴、投融资、人才支持作为重要的条件，吸引民间资本投资社区居家养老服务业。鼓励公立的社区居家养老机构通过政府和社会资本合作或政府购买公共服务等多种方式，以项目为基础与民间资本进行合作开发和经营，可以通过评估老年人的生活能力，确定补贴金额以及提供服务的级别，探索构建“评估 + 第三方测评 + 拨付”的养老服务补贴标准化体系，形成与市场经济相适应的居家养老服务筹资模式，加快推进居家养老服务筹资方式社会化。其次，发挥微信等互联网平台在小微筹资中的作用。社区居家养老机构可以在春节等传统节日和困难人口关爱日，在区域内的党员干部和社会爱心人士中间积极开展以“为困难老人送微信红包”“为山区老人捐午餐”等为主题的慈善捐助活动，汇聚关爱贫困老年群体的社会力量。最后，发挥群团组织在社区居家养老筹资中的作用。推动区域内的群团组织设立贫困人口定向救助基金，鼓励企业、社会成员结合自身实际积极参与针对困难老年群体的大病救治、基础设施改善、困难帮扶等微型老年公益事业。集合各工会的力量，推动工会会员节日慰问经费“打捆”使用，用于购买贫困老年人的农副土特产品，提高老年人收入水平和支付能力。

（四）强化社区居家养老志愿服务的协同机制建设

在社区居家养老志愿服务协同机制的构建中，志愿服务队伍的管理起着重要的作用。首先，加强社区养老志愿服务人员的组织管理，建立志愿者选拔机制，注重对志愿者的道德素质、奉献精神和工作能力的综合考察。要完善相关培训机制，提升志愿者的服务能力，注重实用性强、操作性强的照护老年人的基本技能以及老年生理、心理常识的学习，提高老年人服务的专业化水平。其次，建立区域协调的志愿者激励机制。探索志愿服务的补贴补偿机制，采取“政府 + 社区 + 受益人”联合出资的筹资模式，吸引更多的社会人员参与养老服务。加强志愿服务的对外联系，争取发达地区专业的志愿服务项目，吸引发达地区的公益组织参与西部地区的志愿服务，邀请专业的社会组织对西部地区的志愿者开展“一对一”的结对帮助学习。最后，支持本地高等院校在社区建立大学生创业、实习、志愿服务基地，发挥大学生在老年人日间照料、养老信息化等方面的特长，鼓励大学生积极参与社区“党员一对一关爱服务队”“日常膳食志愿者服务队”“情暖空巢服务队”等与空巢老人结对子的社区专项服务活动，用人性化的关怀带给空巢和孤寡老人“家”的温馨，助力老年人养老服务水平的提升和自身发展。

（五）完善区域社区居家养老服务信息平台建设

在现有的社区居家养老服务平台的基础上，建立覆盖全市的社区居家养老信息平台，开展多方位多层次的社区居家养老服务。首先，形成完善的区域社区救助网络，完善跨区域户籍人口救助工作，加强对流动人口的信息登记，建立跨区域的救助对象经济状况核对信息共享机制，合理破解跨区、跨县的核查难问题，提升对老年困难群体的服务水平。其次，建立日间照料的网络评价机制，将日间照料中心的收支、服务水平、项目的招投标进行网上评议，接受社会的监督，及时更新服务项目。建立老年人日间照料的个人档案，为推动居家养老服务业务数据动态管理和跨业务、跨地区、跨部门共享提供保障，促进社区居家养老服务在地区之间、城乡之间的有效衔接和社保关系跨地区顺畅转移。最后，建立绿色殡葬体系。尽快搭建殡葬管理和服务信息共享平台，成立相关机构，完善政策制度，制定合理的收费标准，落实服务项目，建立监督投诉热线，形成跨地域的殡葬服务联合体系，建立协同配合的殡葬联合执法模式，提升殡葬服务的质量，强化终极关怀。

（六）建立社区居家养老协同创新示范点

社区养老事业的发展可以探索协同创新的新路径，先试先行，推动社区居家养老多元化发展。首先，创新社区居家养老的发展模式。探索社区老人集体代养，推动社区互助供养模式发展。建设标准化的老年人医疗保健中心、老年人家政服务中心、老年人日间护理中心、老年人综合服务中心、老年人应急支援中心和社区老年之家，为老年人提供一处集教育、文体、社交和日常生活辅助于一体的社区居家养老综合性服务场所。其次，注重将社区居家养老发展与乡村振兴结合起来。整合社会各类医护资源，鼓励建立“医院+社区+家庭”的居家养老服务模式，由政府出资进行基础设施建设，联合开设一批具有较高专业水准的小型医护机构，提供家庭保健咨询、老年人康复护理等服务。因地制宜吸引一批“医养产”相结合的企业到农村投资，鼓励居民以土地、林地、山塘入股社区的企业助力其发展，推动农村社区集体资产向社区老年服务倾斜，为社区居家养老提供资金支持的同时振兴乡村产业。最后，提升宣传效果，改变传统观念，弘扬孝老敬亲的优秀传统文化，强化居民的社会责任，推进社区居家养老与家庭养老紧密结合。每年在重阳节前后广泛开展“新五好家庭”“尊老爱老模范家庭”和“敬老助老先进个人”等评比活动，大力宣传先进典型，为养老服务事业发展营造良好社会氛围。各级党委、政府要将居家养老工作纳入社区建设和社区服务评价体系，全面推动居家养老工作的开展。积极培育家庭养老的正面典型，出台鼓励年轻子女与老年人共同居住的优惠政策，通过树立典型形成榜样带动效应，实现社区居家养老与家庭养老的良性互动。

第四章　新时代城乡基层社会治理的文化发展和能力建设

文化自信的恒久性、不可替代性从另一个层面强化了基层社会治理中文化建设的重要性。基层社会治理中的文化建设主要是解决“静态”上的文化基础设施不足的问题，以及“动态”上作为文化现象承载者的“人”的情绪、情感的问题。在基础设施建设上，除满足读书、娱乐等基本的文化需求之外，还要丰富文化对心理的介入功能，改善社会个体的心理认知，构建符合社会发展需要的社会情境，满足不同类型社会个体的文化需求。在情感治理上，既要夯实治理“前端”的物质基础，又要持之以恒地加强心理社会建设，减少因物质层面的盲目攀比导致的情绪波动，弱化因激烈的社会竞争引发的不安、焦虑，化解因局部的社会不公正出现的社会愤懑、不满。而要实现以上目标，除完善社会控制矫正策略外，还要提升社会基层治理工作者——社区干部的能力素质，建设一支高素质的基层治理干部队伍。

本章的三节内容分析了城乡基层社会治理中的社区文化建设、社会情感治理和社区干部能力素质建设的情况，从中观和微观的视角分析了基层治理的“场域”。

第一节　城乡基层社会治理中的社区文化建设

共同遵守的文化价值是社区共同体建设的灵魂，也是推进社区治理的重要支撑。社区文化由一系列的社会行为模式所组成，其核心是思维观念，具有社区特质的文化“符号”是社区的“识别码”。社区文化通过影响社会个体的行为模式和创造丰富文化符号获取和传递价值，并以此提升社区居民的归属感和向心力。近年来，在推进城乡基层社会治理中，各级党委、政府高度重视基层社区文化建设，强调要在社区治理中弘扬社会主义核心价值观，不断丰富社区群众的精神文化生活，全面提升公民道德素质。从文化要素上讲，社区的文化娱乐场所、文化服务阵地、文艺团体、文化宣传载体、社区公共空间等是基层社区文化的物质要素。社区的发展理念、工作目标、人际关系处理的原则、价值导向是社区文化的精神要素。社区的标识、各种表彰仪式和关爱的行动是社区文化的符号要素。从文化类型上讲，社区文化包括娱乐文化、交往文化、邻里文化、法治文化。在当前的基层文化建设中，法治文化建设是当前的重点，这里的“法治”不仅是“国家立法”之治，更是多层次、多领域的依法治理，村规民约和居民公约等非正式制度是基层法治文化的重要载体。因此，发挥村规民约等社会规范的积极作用，对于推进社区依法治理和基层治理体系和治理能力现代化建设至关重要。

一、基层社会治理现代化对社区文化建设的总体要求

共同的文化是不同社会群体的心灵皈依、交往互动的基础。习近平总书记在十九大报告中指出：“文化是一个国家、一个民族的灵魂。文化兴国运兴，文化强民族强。没有高度的文化自信，没有文化的繁荣兴盛，就没有中华民族伟大复兴。”作为中华文化的重要载体，社区文化的繁荣发

展不仅关系到社区治理效能的高低，人民获得感、幸福感、安全感的提升，同时也关系到中华民族的伟大复兴、人的全面发展与现代化。随着社会主要矛盾的变化，人民对文化的形式和内容的需求都变得多样化，这就需要在推动基层治理能力和治理体系现代化的过程中，厚植文化根基，建设具有本地社区特色的党建文化、居民文化以及丰富多样的节庆文化、楼道文化、平安文化，建强社区文化阵地，建优社区文化项目，建好社区文化组织，整合培养一批社区文化人才，为基层治理现代化提供强有力的支撑。

在社区文化阵地载体建设上，需要以满足新时代基层社会治理的需求为重点，加强包括以社区图书室、社区聊天室、社区心理咨询室、村史馆等为核心的阵地建设。从目前的情况来看，以上文化阵地在城市社区建设得较好，农村社区特别是在西部地区的农村由于历史欠账较多，资金投入不足，基层党委、政府对社区文化阵地建设不重视等方面的原因，导致阵地建设较为困难。而这些问题大多是因不正确的政绩观导致的，在个别基层干部的认知里，发展项目、吸引产业、提高群众收入是重要的能出“显绩”的工作，导致在思维观念上，认为只要经济建设搞上去了，居民素质和文化水平也会随之提高。但事实上，自改革开放以来，物质的丰裕并没有完全为居民精神状态带来预期的变化，反而，因社区居民主流文化价值引导作用的弱化，非主流的文化价值影响了社区居民的认知。价值观的多元化、差异化和价值判断标准的异化，引发了部分社区居民盲目攀比、自我中心、自私自利、集体意识的缺失、社会价值判断不清晰等问题，非主流文化对社会个体认知和判断的误导，亟须通过主流文化建设加以纠正。

在社区文化项目建设上，需要注重差异性、丰富性、层次性。习近平总书记强调：“要推动社会治理重心向基层下移，要把更多资源、服务、管理放到社区，更好地为社区居民提供精准化、精细化服务。”目前，常规的社区文化项目主要有各级党委、政府及文化部门组织的“文化下乡活动”、基层社区组织的群众性文化演出、社区群众自发组织的群众义演等演出类项目；社区文化墙、文化长廊、文化馆、书吧、画吧、聊天室等实体型文化项目；社区居民素养提升、社区干部能力提升、社会组织成员技能培训等技能型文化项目；社区居民红白喜事、企业开张、企业年会等邀请的临时性演出项目。从现实情况来看，这些文化项目资金支持不足、时间不固定，不能满足社区居民的需要，且呈现不充分不均衡的发展趋势。由于文化项目偏少、质量不高、针对性不强、引导力不足，一些文化项目很难达到宣传群众、凝聚群众以及服务群众的目标，甚至有些时候为了达到获利的目的，一味迎合少部分群众的低级趣味，在公共场合出现了一些低俗的文化活动。

在社区文化组织建设上，普遍呈现组织建设乏力现象，特别是在西部的一些城市，由于社会组织本身的发展较为缓慢，专业化的社会组织更是寥寥无几，社区文化组织服务社区的能力水平较弱。比如，为社区老年群体服务的文化组织就显得比较急需。我国已进入老龄化社会，要实现老有所养还要老有所乐、老有所用，需要建立老年书法绘画协会、老年舞蹈协会、老年棋社等以老年人为主要服务对象的社会文化组织，这样既满足了老年人丰富多样文化生活的需要，也实现了将老年人组织起来，形成一个互帮互助的团队的目标，满足老年人文化需求的同时也契合了老年人心理需求以及安全的需要，同样也为社区治理提供了组织支撑。再比如，随着三胎政策的放开和城市流动人口的增加，城市青年群体和外来务工群体的子女教育成了青年群体最大需求。因此，在一些城乡结合部社区成立以青少年教育辅导为宗旨的社会组织就显得尤为重要。通过整合社会力量，服务青年群体，可以达到充分利用资源，提高社会发展水平的目标，苏州市在这些方面进行了有益的尝试。

在社区文化人才整合培养上，需要坚持“从群众中来，到群众中去”的群众路线，用好社会力量，将社会文化人才依据居民需求进行分类，采取“专业＋爱好”的社区文化人才建设模式，将社区中受过高等教育、从事教育工作、有专业的知识储备、有专门爱好的群体进行登记管理，建立社区文化人才库，有条件的可以发放聘书，通过服务“积分制”、评选“五好居民”“志愿标兵”等方式建立科学合理的激励机制，提升社区文化人才队伍的活力，满足基层社会治理现代化的需要。

二、社区文化的价值引领力

在基层社会治理现代化的进程中，提升社区文化的引领力是加强基层文化建设的重中之重。从宏观层面来讲，这是解决国家治理的动力源问题，习近平总书记指出："人民有信仰，民族有希望，国家有力量。"[①]正是由于社会群体在正确价值观的引领下，规范自己的行为，才汇聚形成了国家社会发展的力量。从微观层面上讲，社会个体在处理自我、他人、社会的三种关系上，也需要有一个基本的价值判断，是利己主义还是利他主义，是集体主义还是个人主义，都需要借助社会文化价值的引导，形成个人良好的判断。

在基层社会治理中，要实现社区文化的大繁荣和全方位发展，必须落实中国共产党关于社会主义文化建设的重大战略决策部署。其中，在《习近平新时代中国特色社会主义思想学习纲要》《新时代公民道德建设实施纲要》《中共中央关于制定国民经济和社会发展第十四个五年规划和二〇三五年远景目标的建议》等纲领性文件中，都明确了社会主义文化在基层建设的目标，要求为基层社会治理建立多层次的文化保障体系。提升政策的执行效率就必须发挥社会宣传和舆论引导的力量，创造出更多群众需求的文艺作品，弘扬时代新风，践行社会主义核心价值观，开展丰富多彩的群众性文明创建活动，使社区文化建设有载体、有重点、有目标。

在提升社区文化宣传和舆论引导力上，需要更好地发挥社区宣传员、各种媒体和微信群的作用，经常抛出群众关心的道德话题，开展"话题式教化""问题式引导"。比如，"该不该给老人让座""如何禁止高空抛物"等一系列与群众生活密切相关的问题，开展引导性讨论，通过一定方式给予正确的价值判断。在舆论引导的过程中，需要巧妙地避免一些片面的道德评判，以免引起居民的反感，否则不仅没有达到教育引导的目的，反而

①《习近平谈治国理政》第二卷，北京：外文出版社，2017年版，第323页。

激化了矛盾。加强道德引领还需要拒绝“道德绑架”，在遵守道德面前要真正地实现人人平等，老人、小孩以及其他弱势群体应该受到社会的照顾，这种“应该”更多的是基于社会的普遍情感、个人的情绪和个人的自觉，个人如果遵从社会的倡导，表现出“善”的一面，应当给予褒奖。如果没有这种自觉，应当通过示范引领给予强化，而不是采取批评性的措施。

在弘扬时代新风、争做时代新人上，需要全面践行社会主义核心价值观，通过持续的社会倡导涵养公民的美德善行，使社会更加和谐有序。弘扬时代新风关键在于社会个体能否正确认知自身所处的时代环境以及社会期望个体能达到一个什么样的目标，以此为基点形成良好的个人愿景和社会期望。这就需要在出行、旅游、就餐、参赛等活动中，支持社会个体遵守社会交往规则，规范个人行为，提升居民的公共意识和规则意识，实现社区公共空间、文体场馆精细化管理。例如，在倡导社区居民要爱护社区环境，建设美好家园的活动中，就需要通过展板、宣传手册等平台宣传一些正面典型案例，让更多的居民充分了解个人的社会行为对所处的社会环境带来的影响，以及个人如何通过自身的努力创造美好的环境。

在社区文化建设中，要关注人的现代化。文化建设的目标就是要培养具有现代人文精神的社会个体，使其思维方式、观念意识、素质能力、人的行为和社会关系都符合现代社会的发展目标。实现这一目标，需要改善社会个体的传统思维和心理状态，培育现代的价值理念、精神状态、思维方式，引导社会个体拥有正确的人生观、世界观、价值观。需要鼓励社会个体参与创新，推进社会个体在正确认知自己的基础上实现自我革新，形成公民的主体意识、责任意识、竞争精神。需要用文化提升社会个体素质，使社会个体拥有良好的品质、健康的体质和发展的潜能，能够适应社会变革并推进社会变革，将丰富的人力资源变成推动现代化的人力资本。需要培养社会个体拥有积极理性的社会行为，负责任地参与社区事务，主动参与社区居民自治，关爱他人、奉献社会，通过自身努力并主动示范形成良好社会关系网，形成有效的社会支持网络。

提升社区文化引领力还需要增强文化吸引力，通过增强社区文化的仪式感、可参与性，让社区文化更能贴近生活。需要重新整合人与人之间的活动与交往行为，搭建群众展示平台，在清明节、重阳节、国庆节等重大节日，开展“睦邻敬邻”“爱国爱社”为主题的文化表演活动，弘扬互帮互助、邻里守望的社区文化，以乡规民约、社区公约凝聚社会共识，使不同群体有共同遵守的价值观，在对非正式制度认同的基础上构建社区认同共同体。鼓励群众主动参与社区文化建设，解决因城市发展带来的“城市病”，消除城市居民的陌生感，推进邻里互助，用社区文化建设解决社区发展难题。需要弘扬优秀传统文化，选树孝老敬亲、尊老爱幼的先进典型，建好社区文化馆和村史馆，传承社区文化和历史记忆，激发居民的乡愁、邻里情感记忆，在建筑设计上保留传统乡村的原貌，增强社区群众的归属感。在社区建设中，要强化农村的非物质文化遗产和各种文化景观的保护，集中聚居和异地搬迁要因地制宜，切忌盲目求大、求全，探索文化保护性开发与提升居民可持续生计能力相结合，在保护好居民赖以生存的精神家园的同时改善其生存环境。要注重人的发展，重点关注弱势群体的人文精神培养，将农民的职业教育与新型职业农民的培养结合起来，重视社会成员劳动精神的培育，减少个人成长过程中的迷茫、困惑，降低个体的相对社会剥夺感，提升居民的获得感、幸福感和社区归属感。

激发社区文化活力，还需要创新社区文化产品和服务。随着消费层次不断提升，消费结构不断升级，社区文化消费需求不断增加，市场不断扩大。通过激发老年人、青年人潜在的文化消费能力和文化消费需求，提高社区居民的文化消费意识，可以引导更多的居民进行文化消费，培育新的消费热点，推动生活性文化事业和生产性文化产业的蓬勃发展。此外，在鼓励文化消费的同时还要加强对消费者的引导，进一步规范社区文化产业的市场秩序，提升文化产品的供给层次，不断提高其服务水准，满足居民文化消费的新变化和审美的新需求，培养消费者高尚的消费爱好和良好的文化品位，不断满足群众日益增长的文化需求，在解决好社区文化市场发展不平衡不充分问题的同时为社区文化发展开拓新的市场空间。

三、建立健全社区文化安全的机制

社区文化安全不仅关系到基层社会治理的方向，也关系到国家政治安全、意识形态安全和文化安全。随着现代技术的发展，文化传播方式日益多样化，渠道日趋多元化，不同文化的交流和碰撞使基层成为多元文化交织的重要场域，文化类型丰富的同时也给我们带来了一系列需要关注的问题。

一方面，各种信息的“发布者”可控难度较大。自媒体时代，每个社会个体都可以是文化传播的基本载体。与传统的媒体传播规律相比，现代信息的发布者是没有限制的，身份是重叠的，每个人既是文化的受众同样也是文化的传播者。在没有监控和筛选的情况下，正向的、负向的，真实的、虚假的，高雅的、低俗的文化信息呈现爆炸式增长，信息的判断成为管理者和受众面临的棘手问题。对信息所属的不同类型文化的评判标准大概可以从法律、政治纪律和政治规矩、道德三个层次划分。在法律层面上，需要关注的是文化信息是否符合相关法律规定要求，如果符合要求，这个信息的发布者就不会受到法律的惩罚，如果信息扰乱了社会秩序，危害了公共安全就会被禁止。在政治纪律与政治规矩层面上，需要关注的是信息是否符合政治要求，以及各级党委的决策部署能不能传达到基层，并在基层落地生根，这是基层政治文化建设的重要范畴。经过近年来的不懈努力，基层政治建设取得了丰硕的成果，基层干部群众在遵守政治纪律和政治规矩上有了质的改善，但也会因一些群众认识不到位，个别基层干部的能力不足、把关不严，导致出现违反党的宗旨、党组织议事规则等不良现象。面对以上问题，各级纪检监察部门加大了督促力度，但这方面的监督还需要提升针对性，机制创新还需要加强。在道德层面上，需要关注的是相关信息是否符合道德标准或公序良俗，这一评判要求与法律的评判相比属于更高层次的，但在实践的过程中，执行的难度较大，尤其是有些具有特定目的的信息发布者发布的信息意思识别困难、隐匿性特别强，致使一些信息无法真正受到严格的控制。

另一方面，道德领域的文化问题评判标准难确定，惩罚主体不明确；违反法律法规、政治纪律和政治规矩按照目前依法治国、依规治党的评判要求和主体是非常明确的，只是需要对一些条款进行细化。例如：在基层社会治理中，既需要监督发力也需要通过社区文化建设提升社区居民和干部的素质，清晰地认识违反政治纪律和政治规矩的行为，才能更好地予以抵制。目前，最为困难的是如何区分道德行为和非道德行为，以及出现这些行为时“谁来惩罚、如何惩罚”。通常来讲，道德是一种社会意识形态，是人们处理与自然关系和社会关系的行为准则。我们通常所说的道德标准是人们评判是非、善恶、荣辱的规范，而如何评判一种文化现象是否道德，其实是非常困难的。因为除了明显的违背道德良知的信息之外，受众的评判标准和忍耐力的不同会导致对相关信息的评判也不同。

在社区文化建设中，想解决好以上问题，可能需要加强相关机制建设。

首先，需要完善基层文化创新发展机制。按照《中国共产党宣传工作条例》《中国共产党支部工作条例（试行）》的要求，积极开展群众性文明工作创建，大力发展群众文化，鼓励文化创作，完善中华优秀传统文化在基层传承创新机制。落实基层单位和社区文化站（点）、图书馆、村(社区)综合文化中心、文体广场等文化基础设施建设，配备专门的文化宣传员。建立社区文化发展的经费保障机制，支持鼓励基层社区根据自身实际整合文化资源，购买公共服务，拓宽社区文化产品的供给渠道。要坚持问题导向，对社区文化建设面临的问题进行分类，创新基层文化安全风险应急机制建设，明确处置程序，加强风险点的排查，采取“责任制 + 清单制”的工作模式提升解决问题的效率，使各种文化安全风险控制在较低的水平。要提升文化产品供给的科学化水平，积极推动政府、企业、社会组织多元共治，整合以“政府 + 社会 + 公民”为主体的公共文化服务供给力量，在保证公共部门承担基本公共服务职能基础上，积极发挥文化企业、社会文化组织的作用，形成举办主体多元化、组织形式多样化、所有制多元化的文化繁荣发展的良好局面。

其次，需要健全基层意识形态管理工作机制。在社区文化建设中，必须认真落实基层意识形态责任制，坚持虚拟和现实相结合，强化文化意识形态阵地的管理，建设风清气正的网络空间。落实好《中华人民共和国网络安全法》《中华人民共和国治安管理处罚法》《中国共产党纪律处分条例》《关于规范党员干部网络行为的意见》《中华人民共和国公职人员政务处分法》等法规条例要求，坚决抵制网络意识形态管理中的“价值中立论”“网络自由论”“伪命题论”三种不正确的认识，深刻认识“网络空间不是法外之地”的内涵，对在网络、广播、电视、报刊、传单、书籍等发表不当言论，不规范参加网络活动、账号注册，言行违背政治纪律、政治规矩的行为，给予坚决抵制和相应的处罚。要增强基层意识形态工作的主动性和针对性，坚决抵制历史虚无主义和价值虚无主义，敢于同不良的文化现象作斗争，面对不良文化不做“沉默的大多数”，拒绝文化的“污名化”。此外，在当前的基层意识形态管理工作中，还有一项最为紧迫的任务就是提升基层干部群众对意识形态工作的认识，要通过强化工作责任制，解决意识形态工作“虚化”的问题，通过加强培训和“传帮带”，加强干部能力素质的提升。

再次，需要加强重点人群和重点领域的文化意识形态工作。在社区文化宣传中，要以阐释党的基本理论为重点，弘扬和平、发展、公平、正义、民主、自由的全人类共同价值，解决党员群众的理论实践困惑，讲老百姓关心的事，解决老百姓最关心的难题，加强青少年价值观教育，推动青年正确的政党意识和国家意识的培养。要关注基层宗教活动的发展，开展反对邪教的文化宣传和反面典型教育，用科学的方法戳穿邪教的伪科学、非法的外衣，引导居民不听、不信、不传、不参与邪教活动，警惕基层宗教势力与非法传销、国外反动势力相勾结，防止破坏基层民主政治、鼓动群众扰乱社会秩序、破坏基层的繁荣和稳定现象的出现。要以中国梦为基础强化对基层文化发展的引导，发挥社区党员、机关干部、先进群众的引领示范作用，让更多的党员群众成为社会主义核心价值观的信仰者、传播者和践行者，教育引导社区群众将个人的梦想与中华民族伟大复兴的梦想结合起来，热爱祖国、奉献社会。

最后，需要加强社会信用体系建设。要将有序、有爱、诚信作为新时代社区文化建设的目标追求，加强社会征信体系建设。人民银行应依托农村地区金融机构，推动基层信用工程建设，加快基层群众、农民专业合作社、农村企业等主体电子信用档案共享步伐，建立健全与中国特色社会主义市场经济发展相适应的信用评价体系。积极开展“信用社区”“信用村镇”“信用居民”和“信用企业”创建活动，建立信用激励和惩戒机制，培育诚信的城乡市场参与主体，通过各种渠道加大诚信宣传力度，营造良好的社会信用环境。综合利用大数据、区块链技术，健全完善社会征信体系，通过完善覆盖城乡的社会征信系统，建立针对个人或企业等不同社会主体的征信数据库，褒扬诚信、惩戒失信，充分发挥征信系统在社会信用风险识别中的重要作用。要提高城乡居民的信用意识，采取多种宣传手段和方式，积极引导城乡居民树立现代社会信用意识，做到按时还款、不恶意拖欠贷款，形成人人诚实守信的良好社会风尚。

四、发挥居民公约、村规民约作用，推进基层社会依法治理

在社区法治文化建设上，新制度社会学认为，任何制度的产生都有一定的背景，这里的制度主要包含法令规章、规范、文化—认知三个方面，是符号、社会活动和稀缺资源所契合成的多层次稳定的社会结构。新体制社会学一方面强调“行为规范”，但直到2002年，仍未界定个人行为影响政府管理具体机制。新制度社会学另一方面强调文化—认知，认为其是制度的本质。这一思想为利用本土文化推进基层社会治理创新提供了依据。村规民约、居民公约（以下简称“两约”）是社区居民在其长期社会生活实践中自发形成的具有约束力的行为规范，对规范社会事务、经济事务有着不可替代的积极作用，是社区秩序构建和维持过程中不可或缺的元素之一。通过对“两约”进行系统研究，特别是对其作用机理和实践功能的研

究，有助于在理论上把握社区治理过程中国家法律触及不到的或难以深入的领域非正式制度规范的价值，也有助于在实践上充分发挥现代“两约”在社区治理中的作用，推动将法治精神内化为社区居民的基本价值。

（一）“两约”在社区治理中的意义

1. 发挥“两约”在社区治理中的积极作用是协调推进“四个全面”战略布局的需要

全面依法治国不仅是“四个全面”重大战略布局的重要组成部分，同时也是协调推进“四个全面”的基础和法治保障。而依法治国的法律是多层次的，其中，发挥居民公约、村规民约、行业规章、团体章程等社会规范的积极作用，是依法治国的重要组成部分。社区是全面推进“四个全面”战略布局的关键，也是依法治国的关键。一方面，推进“四个全面”最艰巨最繁重的任务在城乡社区，社区治理、基层党组织建设是推进“四个全面”的关键环节。另一方面，在社区治理中，必须加强社区居民的法治教育，根据城乡社区居民文化、生活特点，探索和运用一些社区居民喜闻乐见的、通俗易懂的形式和载体，增强广大社区居民的规则意识和制度治理意识，增强社区自治组织的依法治理能力，推进居民行为的法治化。

2. 传统“礼俗社会”向现代“法理社会”过渡需要“两约”维持社会秩序

传统社会是典型的礼俗社会，是一个同质性强、流动性小、生活方式单一的社会，社会秩序并不是靠一个外在的权力来推行的，而是从口口相传的习惯、道德的教化中养成个人的敬畏之感。而随着城市化进程的加快，社区外出务工人员占总人口的比例上升，社区的流动性增加，异质性增强，生活方式呈现了多元化，社会秩序不能也不可能靠口口相传的教化来维持，必须通过居民约定俗成的社会行为规范对居民加以约束，为在更大程度和更高层次上接受法治理念奠定行为和思想的基础。杨嵘均（2014）认为，社区正式制度在治理过程中运行不利为非正式制度发挥作用创造了空间，正是在这一意义上，实践中运用非正式制度来规范人们的行为，也能使交往结果变得可以预期，一定意义上也可以节约交往成本。这就是非正式制度迅速填补正式制度留下的“真空地带”的根本原因。龙圣（2014）认为，村规民约是中国乡土社会曾经普遍存在的社会文化现象，有着悠久的历史传统，有些仍然延续到当下，并且具有维系秩序、凝聚人心、实现认同等多种社会功能。郁洪旭（2022）认为，一些村规民约条款的时代适应性削弱，需要坚持“规则治理、价值引领”的原则，构建新型村规民约，实现自治权和行政权的平衡和惩罚性措施“契约化”，以增强村规民约的针对性。

3.“两约”是提升文化认同的重要载体

“两约”离不开传统文化的给养，彰显的是农村社区显性文化的活力。周家明（2013）研究发现，传统村规民约之所以能发挥纯善民风、调节社区关系、维持社区稳定的作用，是因为它背后有强大的权威支撑着。传统农村社会是一个熟人社会，依赖礼治秩序，乡约组织的宣传引导进一步强化了乡民对规约的遵从，而家族制度则成为村规民约被普遍遵守的组织保障，社区精英对村规民约的贯彻执行确保了其能发挥应有的功效。杨嵘均（2014）认为社区治理取得成功的关键是将国家层面的正式制度运行与基层社会的非正式制度运行进行有效的衔接，形成了社会的稳定器。在城乡社区治理中，要尊重自己的历史文化，把握文化根脉，取其精华、去其糟粕，坚守和弘扬优秀传统文化，发挥礼俗家规、“两约”的教化作用，为全面推进依法治国提供文化营养。“两约”通过自我调适、多元创造的文化活力使国家治理在社区成为可能，国家治理层面的制度规范，与社区民间礼仪等非正式制度的广泛具体实践，形成了一种良性互动。借助二者融合形成的重要文化形式，基层社会始终发挥着对于传统文化的传承能力，同时也推进了文化认同。

（二）“两约”的分类

日本学者寺田浩明对中国明清时期的“约”进行研究时，根据规约约束的成员范围和权力在规约中的存在方式，将明清时期的村规民约在乡村层次上的存在分为“乡禁约”“乡约”“抗租运动中的盟约”三种形态，制定了一定范围内成员在伦理上相互督促和生活上相互扶助等义务的规范、规约，其实体是由集结在一定的规范之下并愿意遵守该规范的人们所结成的一种集团或组织。张静（2000）认为，村规民约体现的村庄治权，可以从治理角度对其进行分类。张明新（2004）认为，村规民约起源于人类社会以地缘关系为纽带的社区，是以村落为主要形态形成之后，协调各家族、家庭之间乃至各社区居民之间的社会关系的社区公共规范的客观需要。从法律上讲，村规民约是深深嵌入乡土社会秩序的，村规民约属于与国家制定法相对应的民间法的范畴，作为一种具有本土意义的民间规训机制，在其产生流传的地域范围内具有法律效力，也是当地社会必须遵守的共同规范。谢晖（2004）认为村规民约是指除作为“大传统”的国家法律制度之外的维系中国传统社会生活的一种“规则—制度”系统。在村规民约与国家法治的关系上，袁兆春（2000）对村规民约与国家法关系的研究发现，以民事、婚姻为主干的村规民约与国家法之间存在着某些矛盾，但这些矛盾又是可以协调的。因为它们二者在本质上是一元化的规范体系，即村规民约服从于并服务于国家法律，前者仅是后者的有益补充。侯春杰（2007）对清代的村规民约研究发现，村规民约通过规范乡民行为来协调国家法与乡土社会自治性规范之间的关系。贺树月等（2021）研究发现，当村规民约实施依赖载体为道德教化、权威系统、民间精英时，就呈现“强规范，弱规制”的特点，而依赖载体为法律规则、权力系统和监督奖惩时，则呈现“强规制，弱规范”的特点。根据以上观点，认为可以从以下几个方面对“两约”进行分类。

1. 从管理的时间、空间区域范围来划分

一是临时民约。如，抗日爱国公约、支前公约。二是保护环境。如，云南的大水渼护林石碑、摆拉十三湾封山碑记、鹿城西紫溪封山护持龙泉碑。

2. 从约定内容上来划分

一是扶贫行善。如，四川省攀枝花市仁和区迤沙拉社区倡导的“心怀感恩”、浙江省丽水市松阳县杨家堂社区倡导的“修人心行义事”、江西省赣州市赣县白鹭社区倡导的“积善成德”等。二是守礼睦邻。如，江苏省苏州市吴中区明月湾社区倡导的“讲和修睦”、山西省临汾市襄汾县丁村倡导的“以和为贵”、湖南省岳阳市岳阳县张谷英社区倡导的“和睦有道”等。三是孝敬长辈。如，安徽黄山黟县倡导的“孝道传家”、浙江省绍兴市诸暨市斯宅社区倡导的“百行孝为首”、浙江省杭州市桐庐县荻浦社区倡导的“百善孝为先”等。四是诚实守信。如，重庆市江津区四合社区倡导的“诚信赢天下”、山西省晋中市灵石县静升社区倡导的“无信不立”、重庆市黔江区濯水社区倡导的“大诚止于信”等。五是爱国爱社。如，甘肃省陇南市文县哈南社区倡导的“尽忠报国”、浙江省台州市仙居县李宅社区倡导的“修身齐家济天下”、福建省福州市平潭县风社区倡导的“同舟共济”等。六是劝学修身。如，甘肃省天水市秦安县凤山社区倡导的“诗书传家”、江苏省无锡市宜兴市周铁社区倡导的“积钱不如教子”、浙江省杭州市建德市新叶社区倡导的“读可修身”等。

3.从约束力来划分

一是劝导性“两约”。通过榜样示范、道德礼仪、教化活动倡导城乡社区居民维护社区社会秩序。二是惩戒性“两约”。通过立规惩戒破坏社区生活秩序、破坏公私财物、破坏公共资源和公共设施的行为。

（二）“两约”在城乡社区治理中作用发挥面临的困境

1.“两约”的基础性条件正遭到侵蚀

一是村规民约产生于差异性小、异质性小、开放性低的礼俗社会，其发挥作用的主要机制是社区居民之间的相互监督、自我反省及严格自律，但随着城市化的推进，原有的农村社区秩序逐渐瓦解，使得村规民约发挥作用的场景发生了变化，原来的农村社区祠堂变成了旅游目的地或者已不复存在，这直接导致了村规民约的效力日渐削弱。二是村规民约的实施多是依赖乡土精英，但城市化导致了农村社区的流动性和差异性大，农村社区的生活方式和生产方式趋于多元，这使得社区居民获得经验的方式不再是依靠口口相传的继承，农村社区失去了培育乡土精英或权威的土壤，传统村规民约的重要实施主体遭到削弱。三是在城市社区中，居民公约的实施也需要社区精英的推动，但因城市生活的流动性大，实施主体不明确，约束对象受多元价值观的影响大，居民公约发挥效力的空间也被压缩。

2.现代“两约”适用性也面临巨大的挑战

为了改变“两约”适用乏力的现状，各地开始推进现代“两约”建设，以期继续发挥“两约”在现代社会治理中的作用，这一方式取得了良好的效果，但也隐藏着巨大的风险。在传统社会中，村规民约多是依照本社区的实际情况和发展需要制定的，国家的行政权力极少干预。但现在的社区行政也发生了巨大的变化，上级政府对社区的干预是直接的、全面的，“两约”的制定往往是政府主导自上而下的推广，导致了“两约”的千篇一律，没有突出本社区的个性，约束内容缺乏针对性，不接地气。虽然在当今中国社会“两约”的实施需要政府的持续支持，但不可否认，制度权力在社区的扩张反过来削弱了“两约”效能的有效发挥，现代“两约”发展陷入了两难的境地。

3.基层干部对社区依法治理认识不足

经研究发现，虽然已经进入现代社会，但是部分基层干部的思维仍然停留在传统社会管理模式，他们忽略了对基层依法治理的扶持、指导，直接影响了社区依法治理工作的开展。此外，少数社区干部法治素养不高，法律意识淡薄，有章不循，管理不善，缺乏依法治理意识，造成居民参与程度低，与我国的基本政治制度和公民参与要求有一定差距。特别是，一些社区关于民主选举、民主决策、民主管理、民主监督的工作机制不够完善，制定的“两约”没有广泛征求居民意见，社会认同度不高，这些都削弱了基层依法治理的效果。

4.群众的参与度较低

一些社区的“两约”制定多是以“突击式”的创建活动为主，整个过程不重视市民社会的培育、忽视了民间组织的参与，让群众认为制定“两约”是走形式，群众认可度较低，使“两约”在社区治理中失去了信任基础。加之，社区的宣传力度不够，没有在群众中掀起学法、守法、用法的高潮，群众的法律意识有待提高，法律信仰急需建立，法律诉求亟待满足。此外，群众的参与能力不足也是影响“两约”实施的短板。研究发现，受知识水平的限制，在对“两约”进行修改和征求意见时，大多数社区居民提不出有针对性的参考意见，多数采取的是“从众”行为。

5.村规民约的部分内容不符合法律法规

在一些偏远的山区，多数社区村规民约的制定实施受传统思维的影响较大，导致一些村规民约缺乏对人基本权利的保护，有些甚至违法违规，具体表现为：一是村规民约惩罚和制裁措施较随意。村规民约的惩罚以经济制裁为主，违法纠纷私了的现象较为普遍。二是摆脱不了家族制的影子。少数地区村规民约的制定执行还是主要依托家族组织，一些家族为了自身的利益，在制定和实施村规民约时只考虑到本族的利益，村上的其他居民长期被边缘化。

6.部分“两约”缺少传统文化的支撑

不管时代怎么变迁，传统文化都是“两约”制定和实施的基础，那些彰显自由、平等、公正、法治、爱岗、敬业、诚实、守信的传统文化，是需要我们世代相传、遵循不移的，也是影响社区居民做人、做事，培育良好家风，维护和谐社会秩序的重要基石。但在实践中，一些“两约”的制定忽视了传统文化的力量，从制定到实施都强调实用，强调利益的量化和项目的“清单化”，因缺乏对弱者的保护和关爱，丧失了人文关怀，这不符合村规民约教人向善，德业相劝的精神。

（四）发挥“两约”在城乡社区治理中的积极作用

1.在依法治国的框架下制定“两约”的发展规划

推动“两约”的制定必须坚持依法治国的思维。一是落实“两约”制定的主体责任。强化“法治城市”建设工作办公室的职能，配备专门的工作人员，设定固定的职数和编制，负责“两约”的标准制定和实施监督，持之以恒地抓好“两约”的组织实施和督导工作。二是明确“两约”制定实施的部门责任。可以根据“两约”制定的目标，细化路径、落实责任，加强对相关责任人的考评。并把“两约”建设的总体方案分解到党委、人大、政府、司法和执法部门，使每个部门都有抓落实的责任。在社区、街道、乡镇等相关部门推行领导干部关于“两约”制定实施的专项述职活动，将“两约”的制定实施纳入领导班子目标考核之中，接受依法治市领导小组办公室的测评监督，为“两约”的制定实施提供组织保障。三是强化保障措施。制定完善“两约”的经费来源及社区干部素质提升的工作机制，将“两约”的制定实施纳入政府购买公共服务的重要项目，落实专项经费，支付“两约”制定实施的劳务支出，以及社区干部的培训、能力提升支出。四是建立健全“两约”产生、使用、废止机制。出台“两约”管理办法，严格按照程序制定“两约”，并依法监督“两约”的执行，当“两约”与国家法律相抵触或者不适合城乡社区治理需要时，应及时废止和修改。

2.进一步推动“两约”与国家法律的良性互动

“两约”只有与国家法实现良性互动才能保持生命力。一是进一步明确在社区治理中“两约”的重要地位。积极推动简政放权，在社区依法治理与参与式治理实施过程中，减少基层行政权力的僭越，改变以往行政权力在“两约”制定实施过程中过度干预的做法，恢复社区的公共权力，激发居民参与社区治理的积极性，释放城乡社区以道德伦理、情感联结、风俗习惯、乡土文化等非正式制度为主要内容的治理空间。二是推进国家法对“两约”进行整合、引导与制约。积极推进现代“两约”与国家法在价值上的良性互动，以国家法治支撑起新时期的“两约”。国家法治是一个宏观、庞大、抽象的体系，与基层生活息息相关但又非齿齿契合，但“两约”是微观、具体的，操作性极强，更贴近群众、贴近生活、贴近基层实际。所以，需要推动“两约”与国家法律体系相契合，把“两约”自觉演变成国家法在基层社会的延伸，成为居民遵守的共同行为准则。

3.推进“两约”制定的科学化与规范化

合法性是“两约”的灵魂。一是确保程序合法合规。根据《中华人民共和国村民委员会组织法（2010修订）》第二十七条规定："村民会议可以制定和修改村民自治章程、村规民约，并报乡、民族乡、镇的人民政府备案。"《中华人民共和国城市居民委员会组织法》第十五条："居民公约由居民会议讨论制定，报不设区的市、市辖区的人民政府或者它的派出机关备案。"在"两约"的制定过程中应征求全体社区居民的意见，由社区居民代表大会通过，并公开公示，把"两约"培育成社区民主决策、管理、监督的重要平台。二是"两约"的内容要坚持共性与特性的统一。所谓共性就是"两约"不得与宪法、法律法规和国家的政策相抵触，不得有侵犯城乡居民的人身权利、民主权利和合法财产权利等内容，要清晰界定社区居民的权利和义务，使社区居民除依法享有宪法和法律赋予公民的基本权利和义务外，还享有"两约"规定的权利和义务，实现"两约"与国家法的统一。所谓特性就是要把"两约"打造成社区居民自治的重要手段，要充分尊重本社区居民的共识，充分反映和表达本社区居民利益，充分展现"两约"的地方性和本社区丰富生动的特有公共生活场景。三是强化各级司法、民政、农业等部门和各级政府对"两约"制定的指导。各级司法、民政、农业等部门以及各级政府要在遵守法律、尊重"社情"的前提下对"两约"的合法性、适用性进行指导，提出具有操作性的意见建议，协助基层组织动员社区居民参与制定、修改、完善"两约"的实施细则，确保"两约"合法有效。

4.提升"两约"公信力、执行力

"两约"的公信力、执行力是其存在的基础。一是坚持平等、公开的原则，从"两约"实施程序和内容的规范性上提升其执行力。在惩罚方式上，要坚持道德教育与经济处罚并重，注重社区居民不当行为的矫正，通过教化、伦理道德的宣扬，培养居民的自觉意识。二是组建专门人员，监督"两约"执行，保证"两约"的执行力和公信力。具体上，可以成立由社区居民代表组成的监督小组，采取代表轮流担任监督员的方式，确保"两约"执行的公正公开。三是增强"两约"的执行力。司法机关要加强法律服务队伍建设，拓展城乡社区的法律服务领域，提高法律服务质量。

积极开展“送法三下乡”“法律六进”等活动，利用法治课堂、专栏、图片、广播电视、法律知识竞赛等形式，广泛宣传“两约”，推动“两约”更好地服务于人民群众，服务于社区治理和经济社会发展。

5.发挥中华文化在“两约”形成中的作用

“两约”是在生产、生活中根据风俗和现实生活共同制定的具有普遍约束力的约定，体现的是基层社会重礼守信的文化价值，是社区居民之间互相尊重、遵守、认同的行为准则。现代“两约”既要符合国家法律，又要适应现代社会转型期下居民的多元价值追求，所以，发挥中华文化在“两约”中的作用显得尤为重要。一是“两约”的完善应与当前社会主义核心价值观的培育相结合。使“两约”与主流价值认识保持一致，与社会主义核心价值观一致，使其发展更具有时代风尚。二是以“两约”推动社区文化认同。通过制定现代“两约”，重新整合社区治理中人与人之间的关系与交往行为，强化不同群体的价值认同，弘扬共同的社区文化，以“两约”凝聚社区社会共识，建构社区认同和规约认同的共同体。三是抓好法治文化阵地建设和载体建设。开展法治文化进社区的系列活动，通过学习宣传切实增强公民守规守秩的意识，引导公民正确行使“两约”赋予的权利，努力在社区营造遵守规约、依法办事的浓厚氛围。

6.弘扬“两约”蕴含的法治精神

在社区治理中，若要使“两约”更好地发挥作用，在处理好载体、手段、实施者和社会氛围的关系基础上，还需要对社区居民进行分类，通过潜移默化的行为教化，让“两约”真正地融入居民的日常生活。根据“两约”制定实施的需要，可以将社区居民分为行为监督示范者、行为培育者和行为矫正对象三类。行为监督示范者通常是指社区精英和新“乡贤”，这一群体有着丰富的生活经验，对社区居民的家庭状况较为了解，了解社区传统的同时又能适应现代治理文化，知识储备和创新能力较强，不仅能解决生活纠纷，还能整合资源为需要的家庭提供帮助，是实施“两约”的重要主体。行为培育者主要是指社区的青少年、流动人群等，前者的行为可塑性强，通过发挥“两约”的教化功能，可以让其更好地理解社会、父母、家庭，清醒地认知自己的责任和存在的价值，以及该如何使自己成为社会所期望的成熟个体。而后者则要因地制宜，使其尽快熟悉社区的行为准则，避免因行为不得当引发社会矛盾。行为矫正对象主要是指违背“两约”价值或处于违法边缘的居民群体。面对这一群体，需要深入细致地分析其行为的初衷，时刻关注其心理变化，用好“软”的心理辅导、用活“硬”的惩罚措施，改善其生活、交往环境，使其行为符合社会期望。

第二节　城乡基层社会治理中的社会情感治理

健康的社会需要健康的社会心理、向上的社会情绪和积极的生活状态。快速的城市化不仅改变了社会的产业结构、经济发展方式和职业形态，同样也改变了社会结构，以及与之相适应或衍生的人际交往结构、社会行为和生活方式。在发展理念、发展目标、技术支撑等因素的共同作用下，社会运行的节奏逐渐加快，社会个体面临的工作、学习、竞争等生产生活压力越来越大，社会流动性和异质性增强，传统以血缘关系为主的“圈层社会”已不能为社会个体提供有效的网络支持，尚在发展完善过程中的现代支持网络存在稳定性和支撑性不足等问题，不能很好地满足社会个体的情感和心理需要，这就要求基层社会治理在满足群众的物质诉求的同时提升居民的心理健康水平。而在社区人口流动增加、社区干部队伍专业化素质不高、居民需求多样化等多重因素的影响下，社区的服务水平与居民的需求存在一定差距，导致不同群体之间的认同度不高、一些社区居民的集体意识差、基层的社会整合力不足等社会问题，降低了社区居民的归属感和凝聚力。因此，需要综合研判，科学施策，重点围绕提升社区治理精细化、科学化水平，加强社区情感治理，消除负向情绪，积极营造和谐的社会氛围，引导居民由“陌生人”或“半熟人”变为亲人与友人，增强社区的归属感和凝聚力，提升城乡基层社会治理的满意度和认可度。

一、把握基层社会情绪的风向标

习近平总书记强调："加强和创新社会治理，关键在体制创新，核心是人，只有人与人和谐相处，社会才会安定有序。"[①]关注每一个人不仅要满足人的物质需要，还要关注人的情绪状态，并把它作为社会治理的风向标。首先，在基层社会治理中，造成社会个体情绪波动的因素，既有工作学习和情感受挫等社会适应因素，也有精神疾病和心理疾病先天因素。《人民日报》曾在第二十五个世界精神卫生日刊载的文章指出："根据我国部分地区精神疾病流行病学调查结果估算，全国15岁以上人口中，超过1亿人患有各类精神疾病，其中1600万人是重性精神障碍患者，剩余的大多数是患有抑郁、自闭等心理行为和精神障碍患者。"[②]这一群体的行为不仅会影响其个人与家庭的幸福，更重要的是在其他因素的交织影响下，它愈发可能会形成一股不利于社会稳定的因素，使社会的平稳运行及和谐发展遭遇巨大挑战。

其次，在当今社会情绪的治理中，还要关注一类重要的群体，那就是个人获得感、幸福感、安全感不高，相对剥夺感较高的群体，这类群体有共同的特点，那就是对社会的期望很高，有一定盲目攀比心理，但能够实现个人目标的手段、机会较少，在这种心理落差下，极易产生不安的心理和情绪。经研究发现，这一群体的社会情绪控制与社会的发展进步有密切的关系，这里的发展主要包括社会分配体系、收入增长机制、就业创业机会等要素，也包含社会主流价值的影响、个人接纳适应主流价值的程度以及个人选择与社会所期望的行为模式匹配度。

最后，随着小康社会的全面建成和开启全面建设社会主义现代化国家新征程，基层治理现代化的方向更加明确，任务更加具体，在基层推进现代化，不仅是基础设施、物质条件、治理技术等要素从传统向现代的演

---

①《习近平关于全面建成小康社会论述摘编》，北京：中央文献出版社，2016年版，第141页。

② 刘岩：《我国各类精神疾病患者超1亿，抑郁症患者逐年增多》，人民日报，2016-10-14。

变，更重要的是要通过物质、技术的变化推进人的思维、人际交往方式、社会的整合方式、社会动员方式的现代化，从这个层面来讲，基层治理现代化归根结底是人的现代化。习近平总书记指出：“人，本质上就是文化的人，而不是‘物化’的人；是能动的、全面的人，而不是僵化的、‘单向度’的人。”[①]因此，在基层社会治理中，要通过健全社会心理服务和疏导机制、危机干预机制，加快建设社会心理服务体系，培育社会居民的自尊自信、理性平和、积极向上的社会心态，准确监测社会情绪，科学分析社会心理状态，为基层社会稳定提供强有力的支撑。

在基层社会情绪监测系统建设中，需要明确基层社会情绪监测的主体、对象、范围等重点，并通过创新监测方式，运用科学的筛选方法，扩大内容信息量，掌握准确的信息。具体上来讲，基层情绪监测的对象主要是基层干部、基层居民群众及流动群体。基层干部处在化解社区各种矛盾纠纷、破解发展难题、政策上传下达的最前沿，既是基层社会情绪监测信息的收集者，也是基层社会情绪监测的对象。目前，从整体上来讲，社区干部的工作压力较大、任务繁重、待遇不高，一些基层干部的自我调节能力不足，专业的方法运用不够，调节不安情绪的长效机制尚未建立，因情绪不稳引发的治理矛盾呈上升趋势，因此，社区干部的心理健康服务体系建设应成为社区情感治理的重点。基层居民群众是基层社会情感治理的重点对象。在加速变迁的当代社会，因新老市民相处、稀缺资源分配、生活空间拥挤、邻里矛盾等问题引发居民的焦虑、怨恨、浮躁、郁闷、冷漠甚至敌对情绪和社会矛盾不断叠加上升，社区已成为不同价值观碰撞的主要场域。在基层情感治理中，若要真实掌握基层居民群众社会情绪的变化，就需要关注基层居民群众的现实需求、生存条件、交往群体，分析基层居民群众所处的社会系统、社会支持网络，掌握影响情绪的核心因子。在社区治理中，外来务工人员、流浪乞讨人员、短暂商业经营活动从业者等流动群体已成为重要的社会情绪变量，也是引发各种社会矛盾的“诱发因素”，上述群体在与社区常住居民交往的过程中，形成了一个新的社区关

①《之江新语》，杭州：浙江人民出版社，2007年版，第150页。

系网络，已然是社区治理和社区日常运行的重要组成部分，其情绪心态的变化也会对社区常住居民带来较为深刻的影响。在这一互动过程中，如果流动群体秉承主流价值观，坚持用自己的勤奋努力改变自己的生活，那么他的成长或者成功就会在群众中形成良好的示范。如果这一群体违反社会主流价值所倡导的行为规范，那么其他群体就会对其产生反感或厌恶情绪，这时流动群体就会被一些群体当作是社会不良倾向或失败的“现实教材”，同时会引发居民的不安或焦躁的情绪。

在创新基层社会情绪监测方式上，可以充分利用传统和现代相结合的方式，注重发挥“从群众中来到群众中去”[①]的优势，发动群众反映社情民意，掌握社会群体的最新动向。并综合利用微信、微博、网站平台，走好“网上群众路线”，更为全面地掌握基层群众的呼声，拓宽渠道，汇聚社会信息的反馈。在这一过程中，需要不断创新信息的筛选方法，利用大数据、区块链技术，尤其是要用好区块链的可追溯技术，将具体事件和个人情绪反应结合起来，准确把握社会情绪的涉及覆盖面和影响范围，为做出正确的处理方式提供正确的判断。

二、基层社会情绪的影响因子

从现实来讲，影响基层社会情绪的因素与居民的利益诉求、社会事件的类型、个人危机感、制度的遵守程度、普遍的社会文化心理等有密切的关系。

（一）居民的利益诉求

基层群众对利益的关注是引发各类社会情绪的导火索，在经济社会发展中，随着社会阶层的转变，利益主体变得多元化，传统社会中较为固定的社会阶层逐渐演变成多元复杂的社会阶层，且阶层内部的分化较为严重，以农民为例，产业的发展促进农民阶层的分化，现在的农民群体中有

①《十八大以来重要文献选编》上，北京：人民出版社，1986年版，第268页。

农业产业工人、新型农业经营主体、从事具体农业劳动的人等。利益主体的多元化导致了利益实现的方式和路径的多元化，有些社会个体通过从事具体劳动获得劳动报酬，有些社会个体通过继承房屋、商铺、企业等获取租金或经营收入，也存在一些社会个体通过非法手段获取利益。利益实现途径的多样化同时带来利益矛盾的具体化和复杂化，“具体化”可以理解为很多矛盾都是直接或间接因利益获取不到、分配不均而引起的。“复杂化”是由于引发矛盾冲突的不仅是直接利益的相关人群，还有一些无直接利益的相对剥夺感群体参与到利益冲突中，使矛盾冲突变得复杂。在基层社会治理中，不同利益群体之间因矛盾引发的各种社会情绪已成为理解、分析、解决基层社会治理问题的关键“密码”。

（二）社会事件的类型

基层社会事件可以分为基层突发公共事件、舆论热点、群体性事件等，不同的社会事件释放出来的信息会形成不同的社会情绪，但形成什么样的社会情绪需要依据事件进行细分。比如，当遇到出现地震、泥石流、洪水等自然灾害时，在基层党组织的倡导下，在共同的理想、信念、价值的影响下，为抵御自然灾害贡献力量、提供援助，为受灾群众提供心理支持成为重要的社会情绪。当遇到化工厂爆炸、煤矿瓦斯爆炸、游乐园运行事故、动物园动物伤人等安全生产事故时，社会情绪分为两个层面，一个层面是特别关心人员伤亡问题，另一个层面是关注为什么会出现这种事故，是谁的责任。当调查结果出来，发现是生产责任制落实不到位导致的事故时，社会群体会对事件的责任人产生憎恨的社会情绪，对受伤害的个人及家庭产生同情的社会情绪。社会事件引发的社会情绪的类别主要受事件的原因分析、事件受损群体、事件伤害的持久性、事件的可补救性等因素的影响，如果事件的人为因素较大、受损群体覆盖面较广且造成的伤害大就会产生非常大的负面社会情绪。而事件因自然不可抗力导致的，即使出现受损群体覆盖面较广、造成的伤害大等严重问题，只要加以正确引导就会实现很好的情绪转化，激励社会个体化悲痛为力量，勇于面对困难。

（三）个人危机感

在基层社会情绪的形成中，个人的危机感影响着个体的状态、情绪、行为选择，千千万万的社会个体的危机意识形成了社会危机感，进而加速危机或不安全的社会情绪的形成。从个体层面来讲，当个体的危机感是可控的、适度的，它会克服个体因个人满足导致的追求进步欲望下降、安于现状等奋斗精神不足的心理，使社会个体一直处在情绪亢奋状态，个人的进步发展也较快。而当社会个体的危机感处在失控的状态下，就极易使社会个体产生害怕、恐惧甚至过激的社会情绪，出现抑郁、焦躁、不安的心理。从群体的层面来讲，当所有的成员都有一定的危机感，群体的管理者又善于运用危机感激励大家勇敢面对困难，那么这个群体就会有活力、有韧性，期望实现的目标也就会容易达到。反之，当群体成员都安于现状，那么群体就很难向前发展。拉美国家陷入的“中等收入陷阱”从某个层面上就是由于从国家到普通群众的危机意识不够、安于现状，错失了发展良机导致的。而在我国，中国共产党运用短期、中期、长期的规划，既展现了美好的发展愿景，又提出了应对社会危机的有力举措，并赋予了国家与社会在适度的发展压力下持续前进的动能，推动了国家与社会的快速发展。

（四）制度的遵守程度

制度政策的遵守程度是影响社会情绪的又一重要因子。法治现代化是社会主义现代化的重要内容，法治的核心精神在于执行。习近平总书记指出：“党纪国法不能成为‘橡皮泥’‘稻草人’，违纪违法都要受到追究。”[①]在法治国家、法治社会的建设过程中，平等地遵守法律制度是基层形成良好社会情绪的基石。从“孙小果案”等一些备受关注的社会事件群众的反映来看，普通群众对政策制定实施的公职人员、巨额财富拥有者以及其他具有明显“符号资源”职业特征的从业人员（比如：党员干部、医

①《习近平谈治国理政》第二卷，北京：外文出版社，2017年版，第127页。

生、国企职工）等群体不遵守或违反制度政策，容易引发社会的不安和不满的情绪心理。而对一些普通群众来讲，他们对遵守制度的态度又是双向的，换言之，就是当社会个体与他人共同处于竞争状态时，当自身得不到制度以外的因素支持的情况下，就希望所有参与竞争者都要严格遵守公平竞争的制度规则，一旦有人打破了这种平衡，就会引发其他“当事人群体”的不满情绪。反之，当社会个体能通过一些非制度性的手段获取外力的支持时，他就会弱化公平竞争的意愿，从而非常期望这种外力支持能成为达到目标的“核心因素”，否则，当其他社会个体整合非制度性的手段的能力更强时，其他人也会产生不满情绪，并且还会为这种错误情绪进行合理的归因。

（五）普遍的社会文化心理

普遍的社会文化心理是影响社会情绪的又一重要因素，中国共产党历来重视普遍社会文化心理的培育，在实现“两个一百年”奋斗目标中，将实现中华民族伟大复兴的伟大梦想与个人成功的个体梦想紧密地结合在一起，将追求社会的进步发展与个人的全面发展结合在一起，将富强民主文明和谐、自由平等公正法治、爱国敬业诚信友善紧密地结合在一起，通过巨大的社会整合力形成推动社会发展的磅礴洪流。在形成普遍的社会文化心理的过程中，个人行为选择是个人主义还是集体主义、利己性还是利他性，主要是由国家倡导、家庭教育、学校教育和同辈群体等因素的影响。国家倡导是形成社会情绪的重要基础，国家对社会个体的基本定位需要社会个体形成较强的角色感，这种角色感需要通过家庭教育和学校教育进行重塑或强化认知。此外，社会情绪也会受到民族、社会群体认可的一致性规范等传统文化因素的影响，比如，在以公平为核心理念的社会文化心理形成的过程中，传统文化强调的“大道之行也，天下为公”“不患寡而患不均”与中国特色社会主义理论强调的“形成科学合理的收入分配体系、完善包括机会公平在内的社会公平保障体系”等都是为了实现让发展造福人民，让发展的成果人人共享，当社会个体认为这种预期实现的可能性较大，其情绪就越高涨，反之，则产生抵制、压抑的社会情绪。

三、探索基层社会情感治理的路径

推动基层社会情感治理是一项系统工程，必须坚持源头化解、依法化解基层不良社会情绪，降低被动的社会心理服务带来的负面影响，建立更为积极的、主动的、优质的社会心理服务体系。

（一）坚持问题导向，靶向发力找准社区情感治理重点

在“群众最不满意的问题”整治活动的基础上，进一步对涉及群众切身利益的小区环境质量、物业管理质量、困难群体就业等问题采取“定点定责”“限时办结”的方式，对群众发出的社会情绪“信号”及时回应，引导社区居民有序参与社区治理，依法理性表达诉求，解决关乎群众切身利益的“闹心事”。重点围绕赡养老人、儿童教育抚养、家庭矛盾纠纷、家庭暴力等问题，及时介入，通过悉心细心的群众工作和思想疏通，达到解怨、解愁、解恨的目标，化解影响家庭和谐的“伤心事”，防止矛盾纠纷导致家庭关系破裂，甚至引发家庭悲剧。围绕涉及群众邻里关系的生活噪音、垃圾摆放、通风采光、电线气管水管安装、老旧小区电梯安装等与群众生产生活密切相关的小微事项，发动社区多元主体参与协商，及时分类处置，疏导涉及邻里关系的“烦心事”，弥合邻里关系。

（二）注重平台创新，打造“线上＋线下”情感治理空间

发挥社区调和矛盾的功能，整合关工委、工会、妇联、残联等部门的力量，在街道、社区和有条件的小区建立情感救助的“避风港”，提供心理干预、政策法规咨询、妇女儿童维权等方面的服务，开展心理疏导，为弱势群体提供安全情感支持。结合现代人的情感交流、情绪宣泄特点，发挥智慧社区平台的作用，在有条件的社区建立“网络情感交流平台”，强化“线上＋线下”的情感交流模式，通过“线上”收集需求，“线下”预

约服务的方式为社区居民服务。亦可以采取建设“虚拟情感服务空间”的形式开展服务，拓展居民获得心理慰藉的方式，畅通群众诉求表达渠道，在尊重群众隐私的同时满足群众心理需求。还可以在社区设立“情绪宣泄屋”，为居民提供心理咨询、心理压力测试和发泄减压活动，宣泄不良情绪，消除居民的躁动情绪和不安心理，形成可控的情绪宣泄空间，提升居民心理健康水平。

（三）鼓励邻里互动，构建新型睦邻文化

在社区情感治理中，要注重发挥文化在社会情感治理中的作用，创新睦邻载体，通过设置“睦邻日”“睦邻周”，建立睦邻微信群，破除“陌邻、隔邻、扰邻”等不和谐的邻里关系。积极推进企业、个人履行社会责任，征得爱心企业的支持，打造免费或低消费的“睦邻茶吧”，提供优惠券，鼓励邻里相约“话家常”。定期开展征集“睦邻微心愿”活动，重点在每年的重阳节、端午节等传统节日开展“各献家乡菜、众筹敬老宴”活动，鼓励邻里之间开展儿童看护和老年护理、宠物照料工作，解决群众的日常生活问题。要积极推广特色睦邻文化，创新、拓展文化资源集结方式，通过整合坝坝舞、健身气功、秧歌队等民间团体，会同辖区单位、社会力量和社区居民，开展“文化众筹”活动，定期举办“睦邻文化艺术节”，开展“邻居定期来串门”“我邀邻居摆龙门阵（话家常）”等友邻活动，并将活动开展情况录制成视频，保存在社区睦邻文化站，供社区居民回忆共享。此外，还可以通过开展睦邻文明示范，设置最美邻里展示平台，分类重点展示“先锋红色力量”“民间组织力量”“邻里小微力量”，在社区开展“党员晒家风、群众谈家风”活动，制作“党员家风家训公示牌”，通过党员家风公开或家风集中展示活动，推动党员带头树立良好家风，丰富“仪式感”，提升“获得感”。

（四）建好“三支队伍”，提升社区情感治理的专业化水平

提升社区情感治理的水平，必须畅通民情收集渠道，对民意有充分的

把握，在此基础上进行科学的判断、决策，因此，培育信息收集队伍势在必行。要壮大“民情信息员”队伍，以楼栋为单位，从素质高、眼光敏锐、有一定威望、热心为社区居民服务的居民中，比选一批“民情信息员”，逐步实现小区、楼栋全覆盖，及时掌握群众思想动态、心理需求和情绪变化，并及时向社区反馈。要打造专兼结合的“情感调解员”队伍，在退休教师、基层退休干部、各级关工委、社区贤达、民间组织负责人等群体中选育一批善于化解夫妻矛盾、社群矛盾的“情感调解员”，开展常态化的社会心理辅导和思想教育工作。要培养专业化高素质的“心理疏导员”队伍，发挥专业社会工作者、心理健康医生的作用，帮助患有抑郁、性格极端、情绪紊乱等不良情绪的重点人群舒缓紧张暴躁情绪，疏导偏激狭隘认知，化解对社会不满的负能量，使之成为维护社会稳定的“安全阀”。

（五）引导社区居民形成良好的社会预期

自我决定理论把个人的目标分为内部目标和外部目标，内部目标主要是个体在自我认知、人格、价值方向及自我控制等方面的综合表现水平。外部目标主要是参照群体和“成员资格群体”的赞扬和认同。社区居民的内部目标形成可以提升居民的方向感，减少盲动、失落、不安的情绪。而社区居民的外部目标有价值性认同、社会整合的需求，同样也有为了满足“炫耀享乐”和释放消极情绪的需求，比如，“符号性”的消费行为和非现实性的冲突行为。因此，面对社会变革引发的社会分化，要引导不同群体厘清个人目标、社会目标、国家目标之间的关系。可以综合运用政府、社会组织和现代信息技术的综合力量，推动以数字为基础、以精准为前提的社区“数字增长、数字治理”的信度和效度，避免因过度的“数字化”误导社区居民的价值判断，进而导致社区治理成本的增加。同时，还需要强化对社会成员外部目标的指导，引导社区居民特别是困难群体、弱势群体选好参照群体，减少因盲目的从众引发的“过度比较”导致的心理落差；降低盲目攀比、炫耀对社会内部整合与团结的负面影响，用共同认同的价值观推动良好预期的形成，促进社区居民在自我实现的同时完成社会发展的各项目标任务。

（六）强化支撑措施，提高社区情感治理的保障水平

在社区情感治理基础设施建设上，可以通过划转、腾退、整合、共享、新建等方式推动资源整合，加强心理咨询室、社区矛盾纠纷调解室等阵地建设，满足社区服务群众的办公设备和场地设施要求，拓宽基层群众的人际交往空间。在经费保障上，可以根据服务人数的变化，调整服务保障资金。在社会氛围营造上，突出正能量，督促新闻媒体用公正、客观的态度报道焦点事件，引导社会个体正确地看待社会问题，加强负面情绪的管控，避免负向的社会心理引发社会恐慌。在心理支撑体系建设上，突出家庭的核心地位，提升家庭成员的责任感，真正把家庭建设成抚平创伤、获得支持的“心灵港湾”。此外，还应重视学校、社会组织的情绪氛围营造，提升正面信息的“曝光度”，纠正认识偏差，让社会成员在积极向上的社会环境中获得正向的心理暗示。

第三节　城乡基层社会治理中的社区干部能力素质建设

随着城乡改革的逐步深化和乡村振兴的逐步推进，政府公共管理的职能日益延伸，城乡治理重心逐渐下移，社会成员的单位属性逐渐减弱，大量“单位人”转为“社会人”，社区在城乡社会治理、居民教育、社会保障、文化娱乐等方面扮演着越来越重要的角色，与群众联系最密切的社区干部的责任越来越重大。社区干部在社会治理中处于承上启下，上传下达的位置，他们是社区共同体建设的重要参与者，其素质的高低、能力的强弱、作风端正与否直接关系到城乡社区管理的整体水平、社区发展意图的实现，对社区政治稳定、经济发展、文化繁荣起着关键的作用。换言之，这支队伍的战斗力，决定社区的生命力和竞争力以及基层社会治理的水

平。所以，全面提高社区干部的基本素质是推进社区发展的治本之策。但由于种种原因，社区干部的基本素养与城乡社区治理现代化的要求还有较大的差距，且欠发达地区的形势更为严峻。面对新形势、新任务，如何提高社区干部的整体素质，扩大社区党组织的影响力和渗透力，促进社区和谐健康发展，是当前基层社会治理的重大课题。

一、社区干部能力素养的时代内涵

（一）社区干部应具备的基本素养

按照新时代基层社会治理的要求，社区干部应具备的核心素养主要包括政治素质、身体素质、心理素质等方面。

1.有坚定的政治信仰

社区干部工作在最基层，其行为直接关系到党和政府的形象和声誉，所以，社区干部要树立共产主义信仰和中国特色社会主义信念，工作宣传要有正确的政治方向，坚定的政治立场，鲜明的政治观点，敏锐的政治警觉性，始终做到“两个维护”，同党中央保持政治上、思想上、行动上的一致。要树立正确的世界观、人生观和价值观，感情上贴近群众，行动上深入群众，工作上依靠群众。

2.有强健的体魄

一个高素质的社区干部，要有良好的身体素质。只有在生理上有健全的体魄，才能具备从事实践活动、承受繁重工作的条件，才能在各种艰难困苦的环境中保持精力充沛、斗志旺盛、卓有成效地完成所从事的社会治理工作。

3.有健康的心理

社区工作要面对各种性格类型的居民，这要求社区干部不仅要身体健康以满足体能的消耗，而且要有心理调适、心理保健、情绪调节等方面的能力。

4.有较高的智商和情商

处理社区事务不仅要求社区干部对问题本身有基本的判断，更重要的是要善于综合分析问题发生、发展的情境，寻找既便捷又有效的工作方法。所以，较高的智商和情商对于社区干部来说非常重要。

（二）社区干部应具备的能力素养

1.具备沟通协调能力

社区干部应是一个善于沟通和了解居民所需的人，社区干部和居民打交道，需要有敏锐的观察力、调查研究能力、语言文字表达能力。社区干部还要善于运用沟通协调的技巧，即要有较强的组织管理能力和实际操作能力，能够与居民、单位的同事、辖区各共驻共建单位进行良好的沟通，以此促进对辖区各共驻共建单位、居民的了解，最终达成共识，形成各方积极配合和支持社区工作的良好局面。

2.具备资源整合能力

社区干部要发挥自己的主观能动性，综合审视社区内外的各种资源，与相关单位、团体和个人建立合作关系，形成资源共享，优势互补的工作格局。

3.具备处理突发事件能力

社区是人们生活的共同体，也是各种社会矛盾与家庭矛盾发生的较为集中的区域。所以，社区干部要具备处理冲突、化解各类矛盾的能力，要把各类冲突、矛盾化解在萌芽状态，对可能发生的问题要有一定的预见性，并能采取妥善的办法加以解决。

（三）社区干部应具备的知识素养

1.具备一定的历史知识

习近平总书记在中央党校2011年秋季学期开学典礼上指出："领导干部要读点历史。"社区干部要注重学习党史、新中国史、改革开放史和社会主义发展史，加深对近现代中国国情和中国社会发展规律以及我党基本路线的认识。能够从以往的历史中汲取经验和智慧，自觉按照历史规律办事，使自己的工作水平得以不断提升。

2.熟悉常见领域的法律知识

社区干部要熟悉《民法典》等基本的法律知识，树立法治思维，在社会治理中做到有法可依、有法必依，依据法律制度有效地协调辖区各共驻共建单位、居民之间的关系。

3.拥有较高的道德素质

良好的道德品质是社区干部赢得居民信任的重要因素，社区干部应坚持公道正派、诚实守信、舍己为人的优良作风，以自己高尚的人格来打动人、感染人，赢得居民的认可，提高自己的声望。

二、社区干部素养提升面临的问题

（一）文化素质不高

由于教育年限、年龄、继续教育机制不完善等因素的限制，社区干部的文化知识水平有待提高，培训工作有待加强。当前社区干部培训对象主要集中在社区主要负责同志、副书记或纪检委员，时间、方式、内容等不统一，培训经费也有待落实。除上述社区干部有机会参加培训外，其他委员参训机会较少，导致城乡基层干部队伍整体综合素质难提升，同时也不利于“一肩挑”后书记的履职和村级治理。在对社区干部党史学习、社区治理专业知识、与媒体打交道能力的调查发现，只有20.6%的社区干部参加过媒介素养提升的学习，79.4%的社区干部没参加过这方面的学习；76.5%的社区干部不知道如何与媒体打交道，只有17.6%的社区干部基本掌握了与媒体人员互动的方法；仍然有58.8%的社区干部不知道如何抓宣传报道工作。社区干部的媒体素养与现实需要存在着较大的缺口，需要进行专业培训加以解决。

（二）流动机会较少，社区管理创新缺乏后劲

社区干部是最底层的社会工作者，说其是干部，但是其没有级别、编制，其工作更多是服务。在城乡社区治理中，社区干部的工作绩效缺乏统一的衡量标准和竞争激励机制，有些社区干部在岗位上干出了业绩，干部群众都很认可，但由于缺乏交流提拔任职的相关规定，跳槽改行无门，提拔交流无望，被选上就继续从事社区工作，选举不上就会“失业”，导致了村（社区）干部职业生涯“一锤定音”的现象较为突出。虽然现在对社区干部有些优惠政策，但大多是发展党员、推荐人大代表、党代表，只有少部分有较高学历条件的村（社区）干部有晋升公务员的可能，政策激励范围和力度不大，调查结果也证明了这一点，社区干部享受发展党员、推荐人大代表、党代表优惠政策的人数占85.3%，而享受考录公务员、选拔领导干部优惠政策的人数只占8.8%。流动机会少导致社区干部创新意识不强、爱岗敬业精神不足，也降低了社区工作的岗位吸引力，最终也反过来影响社区干部队伍基本素养的提升。

（三）社区干部队伍建设问题较为突出

在干部队伍结构上，由于村级党组织后备力量发展缓慢，年轻党员发展工作滞后，在实施村党组织书记、村委会主任“一肩挑”过程中发现，村党组织书记仍存在年龄偏大的现象，年龄性别结构上仍需进一步优化。在团队力量整合上，研究发现，各乡镇在推行村书记、主任“一肩挑”后，原村“两委”的职务和分工发生了很大的变化，导致了一些干部心理不平衡，对待工作的态度发生了改变，特别是一些未担任书记的村干部表现得较为明显，工作积极性不高，不能尽职担责，变相地把“一肩挑”后的村支部书记推到“风口浪尖”，陷入很多具体工作中，成为“事务主义者”，成为各种矛盾汇聚的焦点。在人岗适应上仍需一定的磨合期，在农村空心化、老龄化等不利于乡村经济发展的因素重叠的情况下，乡村振兴的任务繁重而具体，农村基层党建千头万绪，工作任务繁重，这就更需要

“一肩挑”的书记能够科学规划，合理分配相关任务，提升村级治理的效能。此外，“一肩挑”后的干部监督难度加大。在村党支部书记和村委会主任实行“一肩挑”后，村级自治组织的管理权力就出现了相对集中的局面，可能产生书记决策行为缺乏有效约束的现象，“一言堂和家长制”“个人专断”作风滋生的风险增加。加之，现有的配套监督措施没有完全跟上，容易出现违规或腐败的行为。当一些涉及群众切身利益和村级集体经济发展的具体问题的决策不全面、不科学时，就可能会给村级发展带来困境，甚至会带来不可挽回的损失。

三、提升城乡社区干部治理能力的途径

（一）在用人导向上要把握德才兼备、注重实绩、群众公仆原则

坚持正确的用人导向，是做好社区干部选拔工作的关键，坚持“德才兼备、注重实绩、群众公认”[①]原则选拔干部，为人才选拔指明了方向。在人才选拔工作中，按照相关要求推荐基层干部，在符合党内法规和国家法律并具备任职资格的前提下，通过公开选拔，真正把“政治上靠得住、工作上有本事、作风上过得硬、人民群众信得过”[②]的干部选拔上来，把社区干部班子建设成为坚定贯彻执行党的理论和路线方针政策、善于领导科学发展的坚强领导集体，为推动城乡经济社会快速、协调、健康、持续发展提供坚强的思想、政治、组织保证和群众基础。在人才管理上，做到宽严相济。全面从严治党，首先要做到从严治理干部，干部人事制度是一个完整的闭环系统，在这个系统中，有选拔任用、管理监督、教育培训、激励惩处等一系列环节，其中哪一个环节缺少或削弱，都将造成整个制度的失效。要严格用人监督，在出现违规违纪、失察失误的用人问题时，对相关领导人要进行责任追究。要提高选人用人公信度，在源头上防治用人

① 《改革开放三十年重要文献选编》下，北京：中央文献出版社，2008年版，第1450页。

② 《十七大以来重要文献选编》中，北京：中央文献出版社，2011年版，第151页。

不正之风。要完善容错纠错机制，鼓励干部勇于探索，主动作为。

（二）整合培训资源，以提高培训质量有效提升干部素养

在社区干部素养提升中，目前的重点仍是提高社区干部的整体政策水平和文化素质，而教育培训是提高干部素质的最直接、也是最有效的方式之一。在规范培训上，着力抓好集中培训，落实培训制度。解决好社区干部培训时间、方式、内容等不统一和培训经费不足的问题。要全面贯彻落实《中国共产党支部工作条例（试行）》《中国共产党党员教育管理工作条例》等条例中关于城乡社区党组织书记和农村党员的培训要求，充分利用党校或其他有资质的党性教育基地、函授学校等阵地，开展社区干部集中培训，切实提高社区干部理论水平和业务素质，以适应当前社区工作的需要。

在培训方式上，积极创新教育方式。社区党组织应根据社区干部的实际情况，更新教育理念、拓宽教育渠道、创新教育方式，采取多种形式的教育活动，提高教育效果。将教与学、学与思、思与行有机结合起来，做好学用结合文章，边学习、边研究、边反思，拓宽视野、理清思路、创新举措，用学到的新理论、新知识、新办法解决好本社区发展中面临的实际问题，切实提高自己的学习能力、思考能力、研究能力和解决问题能力。在培训内容上，重点把科学发展、科学决策、廉政教育、感恩教育、干部行为规范教育、城乡环境综合治理以及处置突发事件、化解社会矛盾、构建和谐社会等作为社区干部专题培训的重点内容，把组织需求、岗位需求和干部本人需求有机结合起来，以干部履行岗位职责所必需的核心素质和个人成长预期为导向来开展教学，特别地，要针对部分农村基层党组织书记能力不足的问题，坚持理论与实践相结合，充分满足干部成长的多样化、差别化和个性化需求。

在培训管理上，要建立培训体系，健全教育培训网络，做到在学习中工作，在实践中提升。落实基层党组织的工作责任，建立学习组织机构，制定社区干部学习的长期规划和学习制度，明确学习的目标和任务，以知

识的系统性、实用性提升培训的吸引力。围绕加强村（社区）干部文化知识学习，从不同的侧面和角度进行教育，除组织社区干部学习理论知识之外，还要加强法律、政策的学习，通过教育引导，增强社区干部的事业心和责任心，不断凝聚社区干部的整体合力。在研究中，社区干部认为，当前最需要补充和谐社区建设、法律、中国特色社会主义理论体系、市情、国内国际形势、媒体应对等方面的理论知识，以及组织协调、科学决策、处理突发事件、政治鉴别等方面能力素质，培训课程要满足这些需求，有针对性地设置相关课程（表4-1、表4-2）。

表4-1　社区干部最期望补充的学习内容

最想补充的学习内容	百分比(%)
国内国际形势	39.7
中国特色社会主义理论体系	51.5
市情	42.6
法律知识	61.8
健康知识	32.4
和谐社区建设	94.1
媒体应对知识	38.2

表4-2　社区干部想通过培训提高的能力

想通过培训提高的能力	百分比(%)
政治鉴别能力	58.8
科学决策能力	80.9
逻辑思维能力	55.9
组织协调能力	88.2
分析处理突发事件的能力	76.5
文字和语言表达能力	50

（三）拓宽村（社区）干部的选用渠道

在社区干部队伍建设上，围绕社区干部队伍的层次化，大力培养后备社区干部人才。通过向社会招聘、换届选举、竞争上岗等形式，扩大社区干部来源，充实城乡社区干部队伍。建立健全鼓励干部担当作为的工作机制，探索实施基层党组织书记专职化管理，常态化地从乡镇机关和事业单位干部中选派人员担任第一书记，健全教育、医疗卫生等人才“县招乡用、县管校用、乡聘村用”机制。在城市社区，通过选拔一批热爱社区工作的大学毕业生到社区工作，推动社区干部队伍年轻化，提升社区工作的生机和活力。在换届过程中，优先选聘政治素质强、组织协调能力强、专业素质好、善于做群众工作的同志担任社区干部，增强社区干部队伍的战斗力。在农村社区，要注重后备人选培养，拓宽人才来源渠道，完善基层干部选育留用机制，从青年社区工作者中培养一批有责任、有担当的支部书记后备人选。在社区治理队伍建设中，后备社区干部、社区精英的培养很重要。社区精英在社区开展工作有一定的优势，主要体现在社区精英的群众基础好、综合知识丰富、内外沟通融洽。社区精英会不断通过创新，挖掘社区内的有效资源，进行经营管理，并将收益与大家分享；同时懂得如何与辖区内的政府部门、企事业单位“沟通”，不断整合各种资源，为居民提供有效的服务；社区精英也会巧妙地运用人际关系，处理社区各种矛盾，保证社区的和谐。社区精英虽能有效地领导社区工作，但社区精英的培养需要长期的过程。因此，要制订相应的长短期社区人才开发计划，针对每个社区的特点和不足开展人才培养，形成以“社区精英＋治理创新”为核心的社区干部培养机制。

（四）规范社区服务，提升素养

规范社区服务是提升社区干部基本素养的关键。面对工作任务与社区干部人数不匹配的现状，需要建立开放专业的社区服务体系，理顺社区的服务范围，让社区干部从繁杂的社区工作中解放出来。社区可根据自身情况逐步设立社区居民代表大会、社区议事协商委员会、业主委员会等群众性自治组织，让居民适应“居民事务居民办”的做法。在这一过程中还要加强社区非营利中介组织建设，建设包括社区事务服务站、社区慈善协会、社区老年协会、社区发展基金会、社区志愿者服务协会等中介组织，满足居民各种生活需要。在力量整合上，提倡多元主体共同参与社区服务，建立以“专业社工＋社会组织”为主要形式的社区服务体系，由专业社工提供心理健康咨询等方面的援助，由社会组织具体实施服务。在服务内容上，推进专门性的社区服务项目建设，采取专项社区事务交给专人来办理的方法，即实施“项目代办员”制，提高服务的专业化水平。比如，居民办理社保的业务，几个社区就可以共同委托项目代办员进行办理。此外，通过成立家庭服务中心，吸收社区的下岗再就业人员到家庭服务中心就职，通过专项培训，让他们提供社区居民所需要的家政、养老、接送子女读书等服务，缓解社区治理的人力资源矛盾。在服务方式上，积极运用现代技术开展便民服务，由社区核实查证，将居民所需的开锁、修水管等日常服务的联系方式通过网络公布出来，方便居民查找，这样既减少了社区干部的工作量，又满足了居民的需求。通过方式方法的创新，扩大社区服务主体数量，让社区干部成为社区服务的“调配员”，这样既有利于社区工作的开展，也有助于社区干部的能力培养。

（五）建立有效的村（社区）干部管理制度

在村（社区）干部管理中，通常说待遇留人、感情留人、事业留人，而在现实情况中，真正能做到的是感情留人、事业留人，相对于感情留人，事业留人最具有稳定性、长久性。因此，要建立科学合理的管理机制，为村（社区）干部提供平台，并且要尊重村（社区）干部的特点，给予充分的时间、空间、资金等方面保障，提供工作条件，激发创新潜力，提升干部韧劲和大局意识，关爱干部的生活工作环境，形成尊重村（社区）干部的氛围。在管理手段上，要做好村（社区）干部的考核工作。通过规范制度、严格考核，提高社区干部工作的积极性。不同的区域要根据自身实际制定社区干部考核管理办法，乡镇（街道）每季度要对社区干部的德、勤、能、绩进行评议和考核，将评议和考核结果作为社区干部基本报酬发放和选拔社区干部的依据。市、县两级党委、政府要定期开展优秀社区干部表彰活动，对工作积极主动、具有创新思维、工作成绩突出的社区干部进行广泛宣传，并适当给予一定的奖励，提升其工作的积极性，促进其自身素质的提高。在日常管理上，加强村（社区）干部交流任职。通过岗位调整与人员交流，优化社区干部的配置，提高村（社区）干部队伍的能力。可以根据村（社区）年终考核评议，结合个人工作业绩能力和平时表现，调整安排社区工作人员的岗位。完善“两委”干部交流任职制度，优化村支“两委”班子能力结构，开展村（社区）干部不同岗位工作人员之间的交流，鼓励村（社区）干部进行多岗锻炼，达到综合提升村（社区）干部队伍能力素质的目标。通过竞争上岗，建立“能者上、平者让、庸者下”的选人用人机制，增强社区干部干好社区工作的紧迫性、责任心，逐步推动村（社区）干部队伍结构的优化，推动社区干部队伍的健康发展。在激励手段上，坚持“物质激励＋精神激励”，提升岗位吸引力。可以围绕落实政治待遇、经济待遇，建立村（社区）干部激励机制，提升社区干部的待遇水平。通过加大从优秀乡镇、街道领导干部选拔任用村（社区）干部的力度，逐步推动村（社区）干部队伍结构的优化，推动社区人才队伍的健康发展。严格落实各级党委出台的《关于从优秀社区党组织书记、社区委员会（社区居委会）主任中考试录用乡镇（街道）公务员试行意见》等规定，在组织考录乡镇（街道）公务员时，安排一定比例的社区干部考录乡镇（街道）公务员和事业单位人员。在乡镇干部换届时，通过安排一定名额的社区干部参选乡镇工作人员、组织优秀社区干部参加事业单位人员岗位考试等方式，拓宽村（社区）社区干部的晋升渠道。在物质激励上，因地制宜地探索推行村（社区）干部“基本报酬＋考核绩效＋集体经济发展创收奖励”的报酬制度。

（六）重点提升社区干部依法治理能力

村级治理实现书记、主任“一肩挑”后，推动村级制度的完善，提升村级治理及社会运行的规范性显得尤为必要。通过完善村级管理制度，强化“一肩挑”后的村级党组织权力运行机制，将集中的权力关进“制度的笼子里面”。要完善《村级自治组织重大村务民主决策制度》《村级财务管理制度》《村级党务公开制度》等制度，实现对村务的全流程监管。要充分发挥民主协商和居民参与的作用，积极推进村务程序合理合法和村务公开工作，落实“三重一大”的工作要求和“四议两公开”的“4+2”农村基层组织议事工作法，发挥党支部大会、“两委”会、党员大会以及村民代表会议（村民会议）的作用，做到事前评估决策的可行性、事中测评决策的实效性、事后评估决策的满意度，从决策到实施都要做到公开，规范权力的运行，减少权力使用不当或滥用现象，推动农村基层社会治理的法治化。

要加强村级党组织的运转机制建设，科学划分职责以提升治理效能，不能因“一肩挑”而将村级党组织的工作与村委会工作相互混淆，要根据《中国共产党农村基层组织工作条例》《中华人民共和国村民委员会组织法》等相关条例法规的要求，加强村级党组织建设，推动居民自治，明确“两委”相关职责，理顺“两委”关系，推动村级权力运行更加科学，实现“两委”思想一致、形成工作合力。各级党委、政府要主动帮助“一肩挑”后书记的成长，做到政治上关心、事业上帮扶、生活上帮助。纪检监察部门要加强对村支书依法治村的指导，坚持日常提醒与常态化监督相结合，充分运用执纪问责的“四种形态”，使书记在处理村级事务中，能做到程序合规，结果正义，通过严管厚爱，使村支部书记能够健康成长。在保障措施上，通过加强服务资源向农村倾斜的力度，建好各种服务阵地，提升农村的公共服务质量，并认真落实党中央反对形式主义和官僚主义的要求，减少会议和不必要的检查调研，让基层党组织书记能有更充裕的时间投入到村级管理、乡村振兴、产业发展和为民服务中去，提升村级组织的运行效率和服务能力。

第五章　新时代基层社会治理的城乡融合及展望

城市化和农村现代化是建设社会主义现代化国家的必由之路，目前我国的现代化已达到63%，但西部地区一些城市的城市化率还远未达到这一水平，农村发展也较为滞后，因此，国家需要进一步推进城乡融合发展以促进乡村振兴。在这一进程中，需要解决三个方面的问题。一是经济支撑的问题。治理的现代化需要坚实的物质保障，除国家和地方政府层面的政策支持外，还需发展城乡社区的集体经济，建强建优集体资产是提升基层治理自主权的一个重要方面。二是特色小城镇建设的问题。特色小城镇可以是卫星镇、重点镇，也可以是文旅、工业等特色镇，通过空间布局的优化，在主城区的适度距离上合理布局一批特色镇，达到“串点成链、连珠成串”的目标，为区域城市化提供坚强的支撑。三是脱贫攻坚的成果巩固与乡村振兴有效衔接问题。在西部地区推进城镇化，还要充分考虑乡村的不平衡不充分的发展问题，通过整合农村的人力资源和智力资源，发挥农民的主观能动性，使乡村发展更具活力，为建设社会主义现代化国家奠定坚实的基础。

本章的四节内容包括城乡基层社会治理中的社区集体资产管理、中小特色旅游城镇建设、巩固拓展脱贫攻坚成果同乡村振兴有效衔接以及未来展望。

第一节　城乡基层社会治理中的社区集体资产管理

在城市化进程加速的背景下，一部分村（社区）的大量土地被征用的同时也带动了产业的发展，以资金、资源为代表的社区集体资产迅速膨胀。但由于制度的缺失，管理的乏力，导致现有的社区集体资产存在管理混乱、产权不清晰、资产账面不真实、资产闲置、没有实现增值甚至大量流失等问题，社区集体经济的发展受到很大的影响，成为各种新的社会矛盾的导火索。因此，剖析当前社区集体资产管理中存在的普遍性问题，探索社区集体资产管理的可行性机制，可以较好地推进集体资产平稳快速地增值，更好地为社区发展、乡村振兴服务，为城乡基层社会治理现代化提供坚实的保障。

一、社区集体资产管理的方式

目前，各地都对社区集体资产管理方式进行了探索，形成了一些可供借鉴的管理模式。

（一）社区集体资产管理的“3 + X”模式

西部城市的T社区，在社区集体资产管理中全面推行“一事一议”“两定三评”工作法。对集体资产管理采取民主监管模式，积极引导居民参与监督审计。并及时公开居民大会、居民议事委员会、民主理财小组等所作的有关集体资产的决定，自觉接受监督和检验。特别是创新实施了“3 + X”民主监督机制，即3人专职监督、3人（居民代表）轮值监审的“3 + 3”财务监督模式，推进了社区集体资产管理过程的全民监督。经过科学的社区集体资产管理，T社区的集体资产从1993年社区成立时负债100万元发展到目前社区资产达4 000万元，集体经济收入年近100万，且每年以10%的速度递增，确保了每月按时为集体成员发放生活补助费，目前，已累计发放居民生活补助金1 000余万元。

（二）社区集体资产管理的“三资托管”模式

西部城市的H社区，通过聘请第三方管理团队提升了社区集体资产的管理水平。具体操作上，成立了镇一级的“三资”托管咨询中心，规范集体资产运行。

首先，确定集体资产的划分依据。依据《“三资”托管咨询实施细则（试行）》，在社区集体资产不改变“五权”（所有权、使用权、收益权、处分权和审批权）的前提下，由镇“三资”托管咨询中心（以下简称“托管中心”）对社区、组集体“三资”进行委托管理和接受公开咨询。所有的建筑物、机械、设备、工具、器具和农业基本建设设施等劳动资料，凡使用年限在一年以上，单位价值在500元以上的，都应作为固定资产进行核算和管理。

其次，规范票据使用和现有集体资产的处置方式。社区、组统一使用由县财政局印制的专用收入票据，主要用于社区、组集体经济组织资金的收入和往来款。票据由托管中心专人管理，实行票据领销制度。在处置现有集体资产时，要求社区按照集体“三资”管理议事程序采取民主、公开、公平的竞价方式进行，在征得监委会（民主理财小组）同意后，交社区班子会议和社区居民会议（社区可召开代表会议、组可召开户主会议）讨论通过，乡镇一级政府审批后公开、公平竞价，并签订合法有效的书面合同（合同必须报镇司法所审查备案），并报托管中心备案。对于社区、组集体经济组织新增固定资产，单位价值在5 000元以下（不含5 000元）的必须经本集体经济组织监委会（民主理财小组）审核，由社区、支部两委集体讨论决定；5 000—10 000元以内（不含10 000元）的，社区必须召开社区居民会议或社区居代表会议表决，社区居民小组必须召开全体成员会议或户主会议表决，并形成纪要上报托管中心审核；10 000元以上的，除必经以上程序外，社区还必须召开社区居民会议或社区居民代表会议讨论通过，组必须召开全体成员会议或户主会议讨论通过，然后采取公开、公平的竞价方式进行。

最后，加强过程监督和风险管理。在资金管理上，集体的所有资金收入（包括上级拨款、补助费等），一律进入托管中心账内管理，严禁账外收支。使用资金必须报镇人民政府审批后方可购建，违者严格追究主要领导及有关人员责任。社区居民小组实行备用金制度，社区核定为8 000元，居民小组核定为5 000元。社区（村）、组集体经济组织的重大财务活动和财务事项，包括集体土地的承包和租赁、集体企业改制、集体举债、资产处理、社区组干部的报酬、公益事业经费的筹措方案和建设承包方案等，必须由成员大会或成员代表大会讨论决定，并向群众公开，积极开展民主理财。社区、组报账员每月（季）负责将期内财务收支情况书面报监委会（民主理财小组）和社区“两委”审核，然后在指定的公开栏上向社区（居）民公示，接受群众监督（图5-1）。

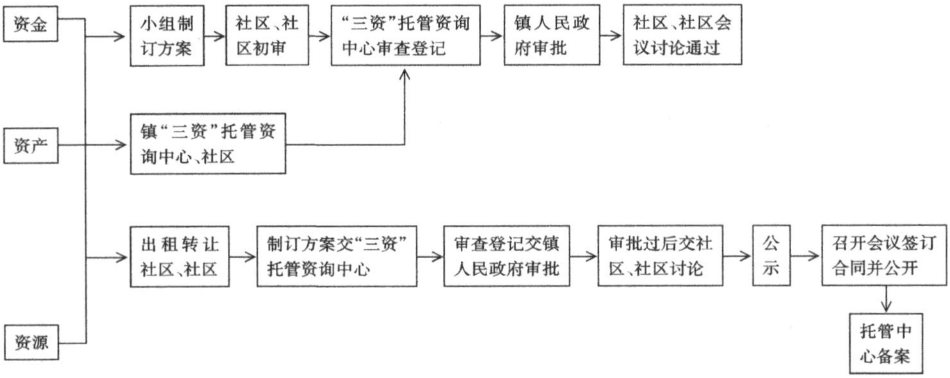

图5-1 “三资”托管流程图

二、社区集体资产管理面临的困境

在欠发达地区，社区集体资产管理方法尚处在探索阶段，存在一些亟待解决的问题。

（一）社区集体资产的底数不清

虽然一些地方出台了集体资产管理的相关规定，但随着城市化进程的加速，城郊结合部社区集体土地资源不断被征用，造成城乡社区集体资产的类型日趋多样化，涉及群众利益的范围不断扩大，一些社区的集体资产因历史遗留问题，无法明确社区、组和企业对集体资产的权属。并且在市场化运作的过程中，一些资源性资产大多未作登记，原始投资无凭据或凭据不足，导致产权份额无法认定。此外，不少社区集体资产承包时没有按规定填写承包合同，或在承包合同中没有对资产进行详细标明，处理不当也造成了一些集体资产的权属不清，由此导致的纠纷也时有发生。

（二）监管不力，资产流失现象时有发生

监管不力是导致社区集体资产流失现象严重的又一重要原因。一方面，由于管理制度存在缺陷，各级政府并没有明确行使其对集体资产管理工作的指导、监督职能。社区集体资产管理在经营过程中，从合同签署到利润分红的整个操作流程都缺乏统一的规定，监管措施也不到位，造成了普通群众无法掌握集体资产的实际运行情况，社区集体无法获取应得实际收益等问题。另一方面，少数干部置民主理财于不顾，甚至个别人说了算，社区居民不仅无法参与，也不能进行有效的监督，使集体资产的使用缺乏有效的监控，社区集体资产变成了社区“两委”负责人的自主经营的“私人资产”，从一些社区的贪腐案所反馈的信息发现，社区干部个人私吞集体资产成为基层“微腐败”的主要形式。

（三）市场化程度低，经济效益不够理想

经过对D市的一些村（社区）集体资产管理的研究发现，居民和社区干部在如何处置集体资产问题上分歧较大，特别是对新增集体资产的处置问题上，居民和社区干部的分歧较大。多数社区居民认为，用集体资产投资和经营风险较大，并担心即使增值也得不到分红，集体资产收益流失，

未来失地农民的生活保障可能成问题，因此，主张平分集体资产的社区居民不在少数。此外，由于一些社区干部和集体资产的经营者的知识水平和经营能力有限，对市场规律和市场前景把握不准，导致其在选择投资项目时，多是选择传统产业，且收益模式固定，不愿意选择发展市场前景好、收益更大的经营项目，造成了集体资产的增值率赶不上通货膨胀率。

（四）集体资产收益的享有范围存在争议

集体资产收益的享有范围规范性不足。由于在城市化过程中，社区居民在选择拆迁征地补偿的方式上有较大差异，造成了很多历史遗留问题。在针对一些城郊社区的研究发现，在“村”改“居”的过程中，当时的补偿方式大致可以分为两种：一种是基本的经济补偿 + 就业，另一种是基本的经济补偿+享受集体资产的收益分成。当时大多数居民选择了第一种补偿方式，但在当时的经济环境下，居民就业的单位多是毛巾厂、肥皂厂等一些传统型的低端制造业，随着市场经济的发展和经济结构的调整、转型升级，这些厂大多都倒闭了，工人也就失业了，相关人员的生活无法得到保障，反过来又找社区寻求帮助，引发了很多新的矛盾。而选择第二种补偿方式的居民则因集体资产的增值，每年获得了比较可观的经济分红，但因当时选取补偿方式的时候没有签订相关协议，受益主体没有明确到人，导致现在多数失业居民提出要对集体资产的分红进行重新分配，这遭到了现在获益居民的反对，成为矛盾纠纷的导火索。此外，在一些临近拆迁的农村社区中，为了享受拆迁补偿利益，一些居民将新婚嫁女婿的户口迁入本村，扩大了参与利益分配的人员基数，最终会因利益纠纷引发社会矛盾。

三、提升社区集体资产管理的现代化水平

在社区治理现代化和乡村振兴中，提升社区集体资产管理的现代化水平，需要进一步推进社区集体资产管理机制创新。

（一）做好集体资产产权的确权登记

坚持依法依规推进集体资产管理，按照《中共中央　国务院关于实现巩固拓展脱贫攻坚成果同乡村振兴有效衔接的意见》，以及《社区集体资产登记管理暂行办法》《农村集体资产清产核资资产所有权界定暂行办法》和各级党委、政府围绕乡村振兴推进社区集体资产改革的目标，严格落实“公益性资产要落实管护主体，明确管护责任，确保继续发挥作用。经营性资产要明晰产权关系，防止资产流失和被侵占，资产收益重点用于项目运行管护、巩固拓展脱贫攻坚成果、村级公益事业等”[①]的要求，对社区各种集体资产的种类、隶属关系、产权人进行归类造册，清晰界定集体资产产权，并予以确权。按照《国务院关于加强农村集体资产管理工作的通知》规定[②]，村（社区）集体资产是指归乡、社区集体经济组织全体成员集体所有的资产。属于组（原生产队）集体所有的资产，仍归该组成员集体所有。在《民法典》中，对农村集体所有的不动产和动产、债务、组织法人等做出了规定，明确了农村集体经济组织及个人的债务承担问题、农村集体所有的不动产和动产范围、农村集体组织法人的权利及义务、集体所有财产的分配原则等问题。因此，对社区集体资产进行产权确权登记可以明晰现有集体组织成员与集体资产的产权归属关系，但这一过程不能打破原受益主体范围，不能增加或减少集体组织成员。如出现主体不清的情况，应在尊重事实的情况下协商解决，所以，界定成员资格变得十分关键。受婚姻、历史、村规民约等因素的影响，社区集体组织成员的界定多是自我管理，这给界定成员资格带来很大的难度。因此，需要在尊重事实、尊重历史的前提下，按照程序公开、权利与义务相统一的原则，由全体居民协商制定统一的标准，并接受相关部门的监督。在确权的过程中，还需要依照实际确定成员享有的股权，股权的确定应经过居民代表大会通过，具体的分配应由居民议事会确定，原则上不设立集体股，集体开支采

①《中共中央国务院关于实现巩固拓展脱贫攻坚成果同乡村振兴有效衔接的意见》，2020-12-16。

② 根据《国务院关于宣布失效一批国务院文件的决定》（国发〔2016〕38号），此文件已宣布失效。

取“一事一议”的办法，通过抽取集体资产收益公益金予以解决。

（二）推进社区集体资产管理的现代化

传统上，对集体资产的管理是通过居民推选代表的方式实施合作经营，但实践证明，多数情况下这种方式很难对集体资产进行有效的运作，集体资产的增值速度缓慢。因此，可以在有条件的村（社区）开展试点，按照现代企业的方式对集体资产进行管理，具体上可以采取两种方式：一是由社区居委会和居民代表根据集体资产的类型，成立集体资产投资管理公司，聘请专业的团队进行管理，行使集体资产的营运和管理职能，集体组织成员按照产权多少折成股权，成为公司股东。二是采取招商引资的方式，吸引企业投资，集体组织成员根据自身实际入股这些企业，成为股东，并按照合同获取收益。通过这两种方式，让社区居民成为社区集体资产的股东，有助于解决长期以来社区集体的资产不明晰、所有权被虚置等问题，可以使享有相应权利的居民都能从集体经济发展中公平获益。

（三）推动实现新型农村经营主体发展与集体资产管理创新的良性互动

在乡村振兴中，推动农村社区生产方式的改革，需要以创新集体的资源、资产、资金管理为突破口，大力培育新型农业经营主体和职业农民，发展多层次、全方位、立体式的社区适度规模经营。需要培育一批社区专合组织，发挥集体资产的规模效应，重点培育和扶持一批机制完善、管理规范、利益共享、风险共担、实体化运作的农民专业合作社，壮大集体经济，促进农民增收。将集体资产的收益有倾向地投入市场前景好、投资收益高的农业产业化企业，重点发展壮大龙头企业，推进农产品生产、加工、物流、营销等一体化发展，延伸农业产业的链条。在有条件的村（社区）可以探索建立集体资产收益的公益基金，以无息贷款、集体土地优先使用等方式，大力扶持家庭农场和种植大户，鼓励发展规模种养业、农产品加工业和社区服务业，推动集体成员中的种植大户实现规模经营，促进产业规模化发展。通过以上管理方式的探索创新，使集体资产中的资源、资产、资金成为集体经济提升规模的坚强后盾，推动集体资产的有效增值，实现新型农村经营主体发展与集体资产管理创新的良性互动。

（四）建立社区集体资产交易平台

通过建立区域性的社区集体资产交易平台，积极推动社区集体资产在更大范围内的有效配置。在市、县公共资源交易中心设置社区集体资产交易中心平台，在各乡镇设置“三资”管理办公室，负责筹建、指导、协调社区集体开展平台建设工作。探索在多个社区联合建立集体资产交易工作点，由政府财政出资，聘请专人负责，享受社区工作人员待遇，为社区开展集体资产交易活动提供合适的场所，进行规范化管理。制定《社区集体资产交易平台使用管理办法》，通过在交易平台设置交易信息、需求信息、成交信息、招标公告和中标公告等专栏，严格规范交易流程，居民、企业投资者、监督部门可以随时了解和监督本社区集体资产的交易情况，推动交易平台的规范化建设。加强经费支持，把平台建设作为各级政府购买公共服务的重点支持项目，设置专项预算资金，用于研究开发区域社区集体资产监管和交易平台的应用软件、采购平台系统的服务器等硬件设备，支付安装资产交易平台系统的建设费、培训费、宣传费，以及社区集体资产交易站的设备购置补贴等，确保交易平台建设使用工作正常运行。

（五）加强对社区集体资产运行的审计监督工作

执纪监督部门需要加强社区集体资产的审计监督工作，强化主管社区工作的政府部门对集体资产管理工作的指导和监督职责。一方面，司法、行政和分管社区工作的具体部门，工作的重点要放在提升社区集体资产管理的法治化水平上，因地制宜地积极制定集体资产使用监督工作的实施细则，明确社区集体资产评估的原则、范围、程序、主体、客体及结果的确认，落实社区集体资产处置前的法定评估与审计，实施针对集体资产组织经济活动的全面审计和占用集体资产单位的专项审计，加强对社区集体资产组织负责人和管理者的任期、离任和群众反映的突出问题进行审计，通过这种方式使集体资产管理纳入法治化的轨道。另一方面，在日常工作中，需要落实集体资产的民主管理制度，充分发挥集体组织成员监督的积极性，实现集体资产运行的日常性监督，确保集体资产使用与经营过程的合规、合法。

（六）加强对居民和集体资产管理者的教育培训

居民和集体资产管理者是推进集体资产管理的两个关键。在集体资产管理过程中，一方面，要提高居民的参与意识。居民是集体资产的受益者，同时也是集体资产的管理者，提高居民的参与能力是提升集体资产管理水平的重要途径。通过开展新型农民、新型城市居民培育工程，投入经费，举办各类培训班和主体宣传活动，因地制宜地开展居民培训，大力提升新型职业农民的文化水平，提高城市社区居民参与集体资产管理的能力素质。另一方面，要加大集体资产管理者的培训工作，重点围绕社区集体“三资”管理的制度、社区集体资产产权制度改革、土地承包经营权流转及确权登记颁证、农民合作社、家庭农场等相关政策知识开展培训，提升社区集体“三资”队伍的业务素质，推动集体“三资”管理工作的制度化、规范化、常态化。

第二节　城乡基层社会治理中的中小特色旅游城镇建设

推进城乡融合发展，缩小城乡差距是消除城乡“二元”结构的重要方式，而以城带乡需要综合经济和社会手段，其中，建设中小特色旅游城镇，以特色产业项目推动乡村振兴是提升农村发展水平的有益探索。随着经济结构的变化，第三产业在国民经济中的比重将逐步增加，旅游业作为第三产业的重要组成部分，具有提高就业率、增加收入、推进城市化等功能，其在经济社会发展中的地位将不断提升，已成为我国经济发展的重要推动力量。“十四五”时期是中小特色旅游城镇发展的新契机，在乡村振兴中，可以围绕统筹城乡生产、生活、生态、安全的需要，聚焦解决农村经济总量不高、人口聚集不强，资源优势转化低、支撑产业缺乏、“链式”发展不足，干部激励机制创新不够、返乡创业机制不健全、“聚才引人”的作用发挥不够等突出问题。将特色旅游城镇培育成满足居民商贸、教育卫生、文化服务消费、住房等方面的综合需求的区域中心和区域重要增长极，为推进农村现代化奠定坚实基础。

一、建设中小特色旅游城镇为乡村振兴奠定坚实基础

建设中小特色旅游城镇是提升居民的生活水平，推进农民市民化的有效途径。英国进行了全面的旅游反贫困（tourism anti-poverty）研究，研究表明，贫困人口在旅游业发展中会得到经济、社会、文化等方面的受益，旅游业对贫困人口生活质量和能力的提升不是旅游业发展的附带表现，而是旅游业发展必不可少的动力。关于旅游业对城市化的影响，研究发现，合理的规划是旅游反贫困的保证，旅游业的发展提升了当地的就业率，有助于道路和基础设施的增加、自然文化吸引力的增加和娱乐机会的增加，为工业和社区的公益事业提供了大量的资金，促进了农村人口向城市迁移，推动了人口的城市化。特别是在欠发达地区，旅游业的发展使女性在家庭和旅游经济发展中的作用得到加强，社会地位得到显著的提升。旅游业发展虽然有正功能，但也有一定的负外部效应。研究发现，旅游业的发展给目的地带来的负外部效应主要有：一是旅游业的发展在推动当地经济发展的同时提升了当地物价、房租，挤压了当地居民的生存空间，导致恩格尔系数上涨，增加了当地的环境压力和交通压力，居民的生活质量下降。二是在旅游城市化过程中贫困人口没有获得嵌入在社会结构中的社会资本的能力。研究发现，社会政策也是推进旅游反贫困的隐形力量，虽有些地区在政策制定中提倡社区参与式，但由于社区人口对整个旅游业发展的方向不了解，仍无法参与政策的制定。在落后地区，旅游业发展的政策

由少数股东代表制定，贫困人口没有机会参与到政策的制定中。此外，在一些农村地区，家族控制着大量的社会资源，利用雄厚的资金兴办旅游企业，控制当地的就业市场。收入高的职位都被家族成员所占有，当地的弱势群体只能从事一些收入低、劳动强度大、工作条件差的工作。

基于以上认识，若要真正地处理好旅游业发展、群众利益维护、群众增收之间的关系，就必须在有效政策的引导下，让居民唱主角，提升当地居民的参与水平，建设有竞争力的特色旅游城镇，以此实现旅游业发展、居民收入提升、城市发展互惠互赢。

二、全面认识中小特色旅游城镇建设面临的困境

在乡村振兴的过程中，推进中小特色旅游城镇建设主要存在以下几个方面的困境。

（一）规划、布局缺乏产业的集聚效应

现有的规划只注重城市中心区的规划，对城镇、乡村的旅游业发展缺乏整体性的思考、系统思维，有些景区横跨多个县级行政区域，县级旅游规划也是强调本县的实际情况，县域之间旅游发展的总体定位重复的现象较为突出。区域规划对景区的长期效益关注较少，违规开发、过度开发的情况亦有存在，有些景区生态环境已遭严重破坏。旅游城镇之间的联系不够，产业布局优势不明显，产品开发不能有效地展现地方资源的特色，缺少优质的旅游线路对现有资源进行整合，旅游产业与其他产业的融合不够，不能形成互补带动效应。

（二）“软硬件”建设急需加强

在“软件”建设上，存在旅游人才总量不足，专业旅游人才匮乏，创新缺乏动力等问题。众所周知，从业人员的整体素质及其提供的标准化服务水平，不仅直接影响游客的消费，而且影响区域的旅游形象。特色旅游

城镇发展的生态旅游、休闲度假旅游、研学旅游等均是对从业人员基本素质要求很高的旅游类别，缺乏优秀的旅游管理经营人才会削弱旅游资源及产品开发、旅游基础设施建设、市场推广与营销等方面的创新能力，致使丰富、特色、优质的旅游资源优势不能很好地转化为旅游经济优势。以水上漂流项目为例，漂流是一项专业性较强的旅游项目，从事该项目服务的人员以及所用的设备要求都非常专业，但事实上，很多景区缺乏专业的教练，漂流的设施也非常简单，不仅为旅游业发展带来了很多隐性的风险，也不利于景区旅游形象的提升，很难提高景区旅游业的竞争力。在“硬件”建设上，存在基础设施建设较为滞后，交通服务设施滞后，景区的总面积较小，景区的设备较为落后，酒店住宿的接待量非常有限，无力承担大型的商务会议等问题，旅客的“吃、住、行”不能得到很好的保证，降低了优质旅游资源的经济效益和社会效益。此外，品质好的景区的可进入性仍然不强。一些景区只有一条乡级公路，有些路段只能容下一辆越野车路过，并且路上缺少交通安全护栏，根本达不到自驾游和自行车旅游等个性旅游项目的要求，严重影响旅游业发展与旅游城镇的建设水平。

（三）旅游管理水平不高

受管理不规范、管理主体素质较差等因素的影响，一些景区存在居民强拉游客、代替景区随意设点收费、用私人交通工具搭载游客的现象，这些不规范行为容易导致安全事故，也扰乱了旅游市场的秩序，破坏了旅游形象，不利于旅游业的长远发展。同时，旅游政策的制定和施行也存在着不规范现象。例如，本地游客和外地游客的待遇不平等问题，游客持有本地身份证进入景区可以享受低价，甚至一些本地的游客可以无票进入景区，这不符合现代旅游开放性的特征，不利于提升旅游吸引力。在服务质量上，也存在景区服务质量和水平参差不齐的问题，一些景区只关注经济效益，很少关注景区的游客容量，特别是在重大节假日期间，景区管理秩序混乱，游客的旅游收益与付出不成正比，投诉量增加。

（四）旅游产品缺乏品牌效应

经研究发现，现有的中小特色旅游城镇发展存在重点不突出，特色不鲜明，同质化程度较高，旅游形象的辨识度较低，品牌效应不足等问题，还有待细心培育和开发。虽然一些城镇现有的景点类型丰富，数量多，但由于经营理念落后，市场细分不够，目标市场选择模糊，旅游商品总体开发相对落后，对有比较优势的生态休闲资源、文化资源等打造包装的力度不够，营销主体不突出，缺乏现代营销手段，没有充分展示中小特色旅游城镇的旅游产品特色，最终导致了产品形象的知名度和号召力不够。且在旅游产品营销过程中政府协调支持力度不够，景点促销仅靠当地的民间力量和实力弱小的旅行社，缺少培育知名度较高、市场吸引力较强的旅游品牌的能力。此外，一些新开发的旅游地，有特色的商品大多靠民间艺人的小作坊式生产，技术含量低、价格混乱、竞争无序，产品生产缺少规模和个性，产业链薄弱，从而使旅游的乘数效应降低，不能很好地发挥旅游业带动作用强的产业优势。

（五）对居民的收益关注不够

旅游业的发展并没有为居民提供很好的保障措施。在旅游业发展过程中，周边居民面临生活的转型，但政府和旅游企业对这方面关注较少，多是采取一次性补偿的方式，没有相关的社会保障投入，居民参与旅游业发展的能力也未被关注。在一些地区，旅游业的就业带动效应不足，没有对居民的能力发展进行长远规划，也很少开展利于居民能力提升的各种培训，旅游收益的很大部分被大公司、社会组织等占有，旅游业对提升居民收入的成效需要经过长期评估。在景区开发后，青壮年大多选择外出打工，而中老年居民的就业渠道较窄，转型发展遇到困难，对社会的适应能力较差，适应新生活需要的周期更长。

三、以中小特色旅游城镇建设推动乡村振兴

（一）强化规划引领，确保发展的科学性

在中小特色旅游城镇建设中，政府既是经营者，又是政策制定者，还充当着旅游业内部各部门以及旅游业与其他产业发展之间的协调者的角色。在推进中小特色旅游城镇建设时，需要加强顶层设计，实施项目推动，遵循错位、集约发展，优化产业布局，注重突出乡村现代服务业的产业特色的同时强化产业融合，形成特色鲜明而又密不可分的现代服务业产业集群。要充分推动旅游服务产业与现代农业、信息产业、养老服务业等产业的有机融合，实施不同旅游项目的联合开发，综合运用现代技术、场景技术等多种方式，强化旅游产品“网络预售与实体门店”相结合的综合营销模式，推动特色文化旅游产品产业化、个性化、品牌化发展。要积极推动与现代服务业有关的技术创新、制度创新、产业创新、组织创新，加快智慧城市建设与现代服务业的协同发展及产城融合，推动产业发展由要素驱动为主向创新驱动为主转变，为旅游服务业发展提供持久驱动力。要进一步推动简政放权，在保证安全的情况下，放宽从事攀岩、蹦极游乐项目和医疗康养服务等旅游服务业企业的登记注册条件，优化办事流程，强化行政审批的“一站式”服务和并联式审批，降低企业的运营成本，为企业发展减负、松绑。要优化投资环境，释放改革红利，实施现代服务业发展的“负面清单”机制，建立公开、公平、规范的服务业发展制度。在制定特色旅游城镇的发展规划时，要注重不同产业发展的层次、衔接和配套，使产业发展的价值理念、目标、措施都能有机地结合。要注重规划的延续性，在规划出台之前要进行深入调研，规划一旦制定，还要建立相关制度保障规划的顺利实施。要注重旅游产业的人才培养。在旅游业的发展中，传统粗放的发展模式逐步向专业化、系统化、科学化演变，人才成为影响产业发展和旅游地竞争的主要因素。加强优惠政策支持，为中小特色

旅游城镇发展储备人才，通过职业教育基地和专业实训基地，结合旅游产业的发展需要开设旅游管理、酒店管理等专业，培养一批实用的旅游管理人才、酒店服务人员、导游人员、解说员、会展服务人员、旅游产品营销人员。要在有条件的地区打造国家级旅游教育基地，创新旅游人才培养模式，形成品牌优势，为人才引进提供良好的环境，拓展人才成长的空间，拓宽人才创业的平台，发挥好人才的专业优势，使他们尽快成长为城镇建设和产业融合的主力军。

（二）以“全域旅游”理念推动中小特色旅游城镇的一体化发展

在“全域旅游”的理念下，逐步实现城乡旅游规划、旅游产业布局、旅游公共服务的一体化。要将旅游业发展与乡村振兴紧密结合，推动乡村社会、经济、生态建设的统筹，以产村融合的农村综合体建设为契机，进行合理的乡村旅游规划，推动以展现乡村生态民俗文化特色为核心的民俗民风游、美食游、生态农业观光游，形成“一地一特色，一区一精品”的发展思路，培育国家级乡村振兴示范村（乡、县）。注重将非物质文化遗产保护与旅游开发结合起来，建立保护基金，形成旅游业发展与非物质文化遗产保护的良性互动。加快完善和提升城镇旅游功能，实现由“旅游城镇”向“城镇旅游”的转变。打造大型的现代游乐园，发展新兴题材的主题公园，提高社区居民整体素质和参与能力，促进居民参与旅游开发建设，建立社区居民利益协调机制，使居民参与到旅游开发决策中来。推动旅游企业积极参与社区的公益活动，提供更多的就业机会，提升社区环境质量，为社区居民提供更好的生活场所。要加强城镇旅游与商贸的结合，推进国家级城市特色街区建设，提高城乡旅游规划和旅游项目建设管理水平，合理划定城乡旅游功能分区，优化城乡旅游建设空间布局，促进城乡旅游服务均等化，形成城乡旅游一体化发展新格局。

（三）重点推动中小特色旅游城镇发展中的产业融合

中小特色旅游城镇建设是将目的地独特的旅游资源进行规划开发以推

动城市化的一种城镇发展策略，这种开发重点是突出目的地旅游资源的异质性，以实现吸引旅游者的目的。在城镇发展中，要彰显旅游资源的特色，就要对独特的资源进行多样化、多形式、多层次的解读，为不同产业提供支撑，实现不同产业的融合。在对特色旅游资源开发时，要注重不同产业之间的天然耦合，特别是要从产业发展的角度用“原生态”的“语言”解读旅游资源，形成资源与产业发展的无缝契合。要突出不同产业的互补共赢，建设政府旅游信息资源共享平台，构建旅游信息安全保障体系。一种旅游资源进行多产业的开发，重要的是保持各产业之间的“沟通”，注重不同产业之间的渗透，实现不同产业对一种旅游资源的品牌提升，切忌出现不同产业因各自为政、割裂发展导致旅游资源过度包装的现象。要突出不同产业的差异层次感，把保持不同产业的差异性作为提升旅游资源吸引力的最好方式，在互补的基础上呈现不同产业、产品的特性，使旅游产品更具竞争力。

在具体实践中，重点推动以下几种产业的融合。

第一，推动旅游业与文化创意产业的融合。旅游业与文化创意产业的融合首先是本地资源的统一。旅游业和文化创意产业都离不开本地旅游资源，旅游资源为文化创意产业发展提供了可挖掘、可塑造的对象，文化创意产业通过对资源的深度“加工”创造出新的旅游产品。其次是消费对象的融合。旅游业和文化创意产业之间的高度沟通，满足了特定游客对复合旅游资源的需求，增强了旅游目的地的吸引力，形成了特定的顾客群体。最后是功能的融合。旅游产品的结构优化需要现代技术，技术恰是文化创意产业的优势，在中小特色旅游城镇的发展过程中，这两种产业的融合会进一步提升旅游地的品质，丰富旅游形式。

第二，推动旅游业与现代农业的融合。旅游业与农业的融合主要体现在产品的需求上。首先，旅游业改变了农业产品的种植结构，一些适合观光和采摘的农产品成为种植户的首选，这也丰富了旅游产品的种类，增加了特色旅游城镇的吸引力。其次，旅游业改变了农业的生产周期。作为旅游产品的农产品不仅是单一满足游客生理需求的消费品，其提升游客生活品质、调整旅游者心态的功能被突出，所以，要通过调整农产品生产周期来满足旅游者的需求。最后，旅游业改变了农民的身份。旅游业的发展使农民不只是依靠农作物为生的生产者，其对生产过程的解读、示范、展示以及教游客模仿农业生产，同样被纳入整个旅游的过程，这是现代旅游与农业融合的新亮点。

第三，推动旅游业与生态产业互动。生态保护是旅游业发展的基础，中小特色旅游城镇的发展尤其要注重旅游业与生态产业的高度融合。首先，要把生态旅游过程作为提升游客素质的过程。在生态旅游中，旅游地被视为“流动的社区”，规范和引导游客以正确的行为对待自然也是旅游的一部分。因此，需要发挥旅游地的教育功能，把保护特色旅游资源融入整个旅游过程，使游客在亲近旅游资源、感受自然魅力的同时提升个人素养。其次，要注重原生态，切忌过度的“商品化”开发。“商品化”可能带来旅游行为的异化，在城镇建设中要处理好生态保护与旅游开发之间的关系，在保护好生态资源的基础上使旅游业更有活力。最后，要彰显旅游产品的生态要素。旅游产品的设计也要遵循生态原则，“原生态”是旅游资源的最大价值，保护旅游资源的“本真性”是旅游业可持续发展的基础。

第四，推动旅游业与房地产业的融合。旅游业的发展会带来房地产业的兴盛，同时房地产业也提供了旅游业发展所需要的基础设施，在中小特色旅游城镇发展中最被游客接受的房地产业有两种形式：一是家庭旅馆，通过异地扶贫搬迁、乡村振兴，把大量的村民住宅装修成家庭旅馆，满足游客住宿的需要。二是度假公寓，依托自然资源、气候等优势，建设一批有特点的公寓，吸引游客入住。

（四）推动中小特色旅游城镇发展中的农民市民化

农民市民化是衡量旅游城镇化水平的一个重要指标。在中小特色旅游城镇发展过程中，通过旅游业的发展为农民提供更为广泛的就业机会和创收门路，增加农民收入，改善农民的生产和生活条件，推动农民思想观念和行为方式的更新，促进农民自身素质与能力的提高，提升农民获得社会资本的能力。要加强对旅游业发展的负外部效应的监控。处理好本地居民与外来游客的利益关系，加强基础设施建设，让更多的普通群众有获取较高收入、较好就业机会的能力，缓解交通、住房、环境等压力，平抑物价，采取切实措施加以调控，加强对不利因素的监控，确保旅游地居民的权益得到保障。鼓励各级金融部门加大对现代特色农业的支持力度，通过发放小额贷款，鼓励农产品参保等方式，支持丰富农业的相关金融产品，支持观光农业、采摘农业和有机农业发展。建立特色农产品交易平台，建立农产品的预订系统，发展“户与户”的订单农业，吸引游客采用寄养、领养等方式参与到农业生产中去，提高游客的重游率，增加农产品的价值。并采取措施推动现代农业发展与其他创意产业发展结合起来，建立游客自主体验区，满足游客对“新奇”事物的追求，提升农业发展效益和农村的吸引力。

（五）提升农村社区居民的获益水平

农村居民参与是旅游业发展的重要方面，要在特色旅游城镇建设中，提升居民适应新产业发展的能力，探索一种保证农村居民可持续生计的生态补偿或产业发展方式。要转变居民的生活方式，提升低收入群体的参与水平，赋予低收入群体更多生存和发展的权力，增强居民接受新发展理念的能力，提升居民在城镇化中的获益水平和认同度。要为农村居民提供更多的就业机会，提高农村居民的生活保障水平，发挥居民自治的作用，从拆迁补偿的费用中拿出一定比例用于农村居民购买养老保险和大病医疗保险，保障其生活水平。通过加大对农村居民的培训，建立农民工的定点培养输出机制，转变其生产方式，通过“田间地头 + 网络学习”等方面提升农村居民的素质和就业水平。城镇建设中，需要更多关注居民的参与能力，通过参与城镇建设、维护城镇治安等方式调动社区各主体参与社区治理的积极性，完善利益整合及公平分配资源的机制，提升中小特色旅游城镇建设的共识度。此外，还要加强对农村居民发展能力状况的评估，重点评估在中小特色旅游城镇建设过程中农村居民是否有获得生存机会、发展机会和参与机会的能力，让农村居民逐步摆脱自身的困境，提升获益水平（表5-1）。

表5-1　农村社区居民发展能力的指标体系

一级指标	二级指标	三级指标
生存机会	获取资源的能力（生产资源和生活资源）	经济有序发展，自然文化的吸引力增加，企业投资增加，开发力度增大，居民的生活空间逐步拓展，物价平稳
	获取基本收入保障	收入逐年提高，并能保证基本生活需要
发展机会	获取就业岗位	就业率较高，就业较为稳定，就业质量较高
	获取发展信息	能够有效地获取就业信息、市场信息、政策信息
	收入分配的参与	除工资收入外，有一定的生产资料、股权分红
参与机会	参与社区发展的决策制定	参与社区民俗资源保护开发、招商引资、资源开发、利益分配等决策制定
	监督各项决策实施	监督污染环境、侵占资源、利益分配不公等行为

（六）推动“产城互动”，实现产业集群发展

在中小特色旅游城镇建设的过程中，可以围绕特色康养城镇建设，促进生态旅游、现代农业、红色文化等资源的一体开发，推动“产城融合”，形成产业链。通过典型示范，在红色资源、文化资源、生态条件较好的地区打造一批集健康医疗护理、科技研发教育、老年康复保健、中医健身养生、休闲养生旅游于一体的康养小镇，培育一批康养示范县、示范镇、示范村。通过整合社会资金资源，积极发展特色医疗服务业、健康管理服务业、养生度假旅游业、生态养生农业、文化创意康养业等康养业态，提升业态品质。在产业发展中，重点推动康养产业与商贸物流业、医疗服务业、继续教育、观光房地产业的产业融合。要以新发展理念构建新发展格

局，建立更加开放稳定的市场体系，做好招商引资，营造更加宽松的市场环境，提供更加优质高效的服务，培育一批龙头企业、壮大一批民营企业，培育一批康养服务产业协会。发挥康养产业的带动作用，加快重点村镇的基础设施的标准化建设，鼓励有条件的村落整合农民的土地、林场、房屋参与康养产业的发展，拓宽居民参与康养产业发展的途径，提升贫困人口的获益水平。在招商引资的过程中，实行生态“一票否决制”，在保护生态的基础上，为低收入群体提供更多的稳定就业机会，形成切实有效的支持弱势群体的发展网络。要建立以信息技术为支撑的康养产业体系，探索卫生、民政、社保、食药、体育、旅游等部门的服务信息共享机制，推进康养产业大数据平台建设。依托电子政务、旅游平台，建立集医疗、养老、运动健身、居家照料、休闲旅游等为一体的健康服务综合信息网，建立日间康养服务的网络评价机制。要建立老年人康养服务的个人档案，为推动居家养老服务数据动态管理和跨业务、跨地区、跨部门共享提供保证。要加快对康养产业发展的研究，探索“政、企、产、学、研、金、保”等康养产业的合作共赢开发模式，发挥现代技术在产业风险防控、信息获取和服务管理中的作用，建立康养产业发展的“微融资”体系。

四、案例分析：沙滩镇工业遗产文化特色小镇建设研究

达州市万源市沙滩镇是辉煌的“三线建设”重镇，煤、铁矿石、石灰石矿、硅矿储量富集，工业、矿产文化遗址资源丰富，自然条件、地理位置优越，现存万福钢铁厂留守处、万福工人俱乐部、技校、剧院、医院、招待所等工业遗址建筑群以及各类矿洞等遗址资源，打造工业遗产文化特色小镇、发展工业遗产旅游的比较优势明显。因此，在“十四五”时期集中力量推进万源市沙滩镇工业遗产文化特色小镇建设，在万源市形成新的旅游发展高质量增长极，是推进城乡融合的重要举措。

（一）沙滩镇基本情况概述

沙滩镇位于万源市中南部，距万源市中心30公里左右，处于石塘、长坝、青花和白沙四乡镇中心位置，白沙河贯穿全境，辖区面积97平方公里，辖7个行政村、2个社区，共50个村（居）民小组，总人口28 937人，其中农业人口14 133人。有耕地10 342亩（其中：田4 137亩，旱地6 205亩），林地99 759亩，全镇森林总面积6 434.4公顷，森林覆盖率66.3%。2019年，全镇农民人均收入9 768元，是四川省“百安示范乡镇”和达州市“30强乡镇”之一。沙滩镇工业发展历史悠久，是万福钢铁厂的所在地（国民经济调整时期全川保留的三家铁厂之一），工厂有职工5 000余人，有矿山七座，是集钢铁冶炼、矿煤生产、炼焦、水泥生产、发电等生产功能为一体的综合性钢铁企业，企业改制破产后，遗留了大量的工业遗址，为今天发展工业遗产旅游，打造工业遗产文化特色小镇奠定了基础。

（二）沙滩镇工业遗产文化特色小镇建设的重大意义

1.是传承“三线建设”精神和“工匠精神”的重要载体

沙滩镇是因“三线建设”而兴，在当时极其困难的经济、自然环境条件下，万福钢铁厂的建设者们发扬“一不怕苦、二不怕死”的革命担当精神，战胜了种种无法想象的困难，创造性地开展工作，深刻诠释了“艰苦创业、无私奉献、团结协作、勇于创新”的“三线精神”和“严谨细致、专注负责、精雕细琢、精益求精”的“工匠精神”。因此，在万福钢铁厂的留存遗址打造工业遗产旅游特色小镇正是传承这种精神、推动产业创新的重大举措。

2.是优化旅游发展布局和城市发展格局的重大举措

一方面，沙滩镇北接万源战史陈列馆、西连黑宝山景区、东临八台山、南瞰龙潭河，处在全市优质旅游资源的交汇点上，地理位置独特，是万源市人流、物流集中集散的区域中心。另一方面，万源市通用机场将在“十四五”时期开工建设，处在机场腹地的沙滩镇未来将成为旅游集散中心和空港产业新城，进而发展成为万源市未来重要的“卫星”场镇。因此，通过改善基础设施条件，在沙滩镇发展工业遗产旅游，有助于更好地发挥其综合优势，推动全市旅游业“连点成线、连线成片”发展，拓展全市旅游发展空间和城市发展格局，实现旅游发展和城镇发展相互融合、相互促进。

3. 是丰富全市旅游产品层次的重要途径

目前，万源市的旅游产品主要是以八台山—龙潭河为代表的生态旅游，以万源战史陈列馆、牛卯坪为代表的红色旅游，以黑宝山为代表的康养旅游。文化游、工业游、研学游等旅游新兴业态发展较为滞后，在沙滩镇发展工业遗产旅游可以让万源市工业遗产进入游客的视野，促使人们深刻认识到万福钢铁厂工业遗产承载的历史文化价值，感受到工业文明时代的历史记忆，满足不同层次游客文化旅游消费需求的同时，丰富万源全市旅游产品业态，加快旅游产品供给端升级，在国内经济大循环中实现区域旅游业创新发展。

4. 是改善本地居民人居环境助力乡村振兴的重要抓手

“十四五”时期是推进乡村振兴的关键时期，目前，沙滩镇面临场镇道路老化、住房年久失修、公共服务设施发展落后、接待能力较差等一系列问题，通过建设工业遗产文化特色小镇，推动道路硬化、街道风貌打造、医院提档升级，改造建设博物馆、工人文化宫、民宿、咖啡馆、酒吧、美食街、矿山公园、创意产业园以及各类游乐设施和文化服务中心等，全方位改善居民生活环境，提升生活品质，创造就业机会和创业空间，推动乡村振兴。

（三）沙滩镇工业遗产文化特色小镇建设的主要优势

1. 工业遗址遗存丰富

以万福钢铁厂为代表的沙滩工业遗址反映了中华人民共和国成立后和改革开放初期我国钢铁行业技术创新、技术突破，对当时万源市乃至达州市社会经济和文化发展影响较大，其规划设计代表了当时万源市地域的风貌特色和最高经济科技发展水平，文化积淀厚重、知名度高、现存遗址可开发利用价值高，承载着一个时代的历史记忆，是我国现代化工业钢铁事业和“三线建设”的有力见证（表5-2）。

表5-2　沙滩镇工业遗址统计表

类别	名称	基本情况
办公用房	万福公安科、万福科技大楼、万福留守处	保存完好，具有年代特征，适宜旅游开发
厂矿遗址	万源一煤区、万源二煤区、万源三煤区、万源四煤区万源二高炉、万源三高炉、万福焦化(七0型)、万福焦化(八0型)、万福发电站、万福铸造厂、万福机修车间、万福水泥厂、红旗煤矿	建筑保存较好、部分矿坑开发较为容易，通过整体的风貌打造和旅游设计，适宜发展探险、游玩类旅游项目
礼堂剧院	万福工人俱乐部	保存完好，具有年代特征，适宜旅游开发
档案馆	万福档案馆	保存完好，加以改造，适宜旅游开发
商务用房	万福招待所、万福0号至8号住宿楼	保存较好，加以改造，适宜旅游开发
学校	万福党校、万福子弟校、万福技校、万福小学部	保存较好，通过风貌打造，可成为旅游点
商用市场	万福农贸市场	保存较好
汽车站	万福汽车站	保存较好
民用住房	安居工程	保存完好，稍加改造后可以接待游客

2.客源市场前景广阔

由于人们旅游消费的差异性和需求的多元化，旅游消费的层次不断提升，旅游已由传统单一的“游玩”向“休闲性与知识性”相融合的高端旅游迈进，而工业遗产旅游正是符合这一特性的新型旅游业态。国家有关部门预测，未来5年，工业文化旅游接待游客将超过10亿人次，旅游直接收入超过2 000亿元，新增旅游直接就业人数超过120万人，新增间接带动就业人数超过600万人。同时，万源市处在川渝陕的结合部，交通便利，人员往来频繁。万福钢铁厂有退休职工10 000余人，每年都有大量的职工返乡省亲，他们已成为沙滩镇未来发展工业遗产旅游较为稳定的客源市场。此外，未来万源通用机场建成后，沙滩镇将成为全市的物流、人流、资金流、信息流的汇聚之地，承接空港产业的要素，产业外溢的“洼地”。

3.各级政策项目支持有力

首先，国家发展战略支撑。“十四五”时期国家支持农村基础设施建设，党的十九届五中全会提出，要“强化历史文化保护、塑造城市风貌，加强城镇老旧小区改造和社区建设”。其次，强有力政策保障。2018年工业和信息化部印发的《国家工业遗产管理暂行办法》明确指出，鼓励利用国家工业遗产资源，建设工业文化产业园区、特色小镇(街区)、创新创业基地等，培育工业设计、工艺美术、工业创意等业态。2019年，由国家发展和改革委员会（以下简称“国家发改委”）等15部门印发《关于推动先进制造业和现代服务业深度融合发展的实施意见》指出，支持有条件的工业遗产和企业、园区、基地等，挖掘历史文化底蕴，开发集生产展示、观光体验、教育科普等于一体的旅游产品，厚植工业文化，弘扬工匠精神。2020年，国家发改委等5部门发布了《关于印发〈推动老工业城市工业遗产保护利用实施方案〉的通知》，要求推动工业遗产保护利用与文化保护传承、产业创新发展、城市功能提升协同互进，打造一批集城市记忆、知识传播、创意文化、休闲体验于一体的“生活秀带”。最后，有重大项目支持。2019年国家发改委印发《独立工矿区改造搬迁工程总体方案》，在万源市委、市政府的大力支持下，2020年沙滩镇争取到了独立工矿区改造项目，为彻底改变沙滩镇基础设施落后、产业发展动力不足的问题提供了机遇。

4.群众发展意愿强烈

为改变沙滩镇的落后面貌，自2020年6月份以来，沙滩镇党委、政府通过召开村民院坝会、村支部大会和谈心谈话收集镇村居民对沙滩镇未来发展的意见建议。目前，共收到有效意见建议30余条，其中，反映道路、活动阵地等基础设施建设欠账较多、环境质量不优、产业发展较为滞后等问题的意见较为集中，多数干部群众改变现状的意愿强烈，外出返乡务工人员、新型农业经营主体等渴望寻找到合适的投资兴业项目，但苦于缺少科学的产业规划和投资门路，大多数仍处于观望状态。因此，依托现有的工业遗产资源，探索工业博物馆、矿山公园、创意产业园等为主体的工业遗产文化特色小镇建设，以旅游业发展推动工业遗址改造与更新的力度，探索旅游带动城镇化的新路子是将资源优势转化为产业优势、发展优势的最佳选择。

（四）推进沙滩镇工业遗产文化特色小镇建设的建议思考

1.总体发展定位

发展定位：综合考虑沙滩镇现有资源禀赋、地理位置、空间格局、辖区面积、人口规模、发展潜力等因素，可以将沙滩镇工业遗产文化特色小镇定位为“一极两镇两地”。“一极”即“万源市旅游业发展的重要增长极”；“两镇”即“川东北工业遗产文化旅游名镇、万源市全域旅游示范镇”；“两地”即“万源市重要的旅游集散基地、万源市空港产业基地”。

发展目标：到2023年，街道环境综合治理、风貌打造、道路基础设施建设，美丽沙滩初具雏形，工业遗产旅游在区域有一定的知名度、吸引力，年旅游接待人数达20 000人次，初步建成万源市全域旅游示范镇。

到2025年，旅游服务设施健全、旅游特色明显，年旅游接待人数达40 000人次，基本建成万源市旅游业发展的重要增长极和川东北工业遗产文化旅游名镇。

到2030年，场镇的旅游集散功能、物流服务功能较为完善，年旅游接待人数达100 000人次，基本建成万源市重要的旅游集散基地、万源市空港产业基地。

2.打造特色工业遗产旅游项目

第一，打造工业历史文化街区。一是科学规划布局。按照“合理开发、整体协调、景观优化、功能提升”的原则，坚持修旧如旧、“遗产保护”和“发展利用”协调并重的特色街区建设模式，保护万福钢铁厂的工业遗产、格局风貌和景观环境，充分反映近现代工业历史住宅区的特色。重点建设“一轴、一带、二区、四节点”区域，“一轴”即沙滩镇街道历史风貌保护轴；“一带”即白沙河亲水休闲生态示范带；“二区”即万福钢铁厂厂部所在区域、一高炉周边区域；“四节点”即万福钢铁厂档案馆、万福工人俱乐部、万福钢铁厂留守处、万福职工医院。二是打造标准化的风貌标识体系。确定合理开发强度，打造提升旅游标识、公厕、停车场、游客服务中心等旅游基础设施，改造与历史街区整体风貌定位不相符合的建筑。在白沙河两岸按照绿化景观带，形成一条生态景观廊道，结合四节点区域，充分展示和利用物质遗存和非物质文化遗产，合理放置钢铁产品、工人服饰、矿山设备等物品。增设介绍牌、指示牌、工业历史说明等辅助设施，介绍万福钢铁厂工业发展历史、工艺沿革、产品的发展等。三是打造特色的街区旅游空间。打造工业文化产品设计工作室、最新工业科技展示发布空间、1984钢铁产品设计商店游憩空间、工艺美术馆；打造布置有钢铁工业特色的民宿、商务酒店、1984历史记忆创意咖啡厅等住宿餐饮休闲场所。突出广场的历史内涵和文化气息，打造文化旅游、人文风貌、工业景观雕塑的集中活动区域。

第二，建设“万福记忆”工业遗产博物馆。一是建立馆藏体系。要利用资源优势打造集万福钢铁厂文物展示、钢铁文化传承、“工匠精神”弘扬于一体的综合性博物馆，形成“一主两副”的馆藏体系。“一主”是指万福钢铁厂档案馆，定位为综合性展馆；“两副”是指选取两处保存较好的建筑，其中一个建立钢铁生产体验分馆，另一个建立现代钢铁工艺品展示。二是做到科学布展。综合馆主要设置矿灯、矿靴、矿帽、矿服以及钢铁工人生活场景展示区，展出具有代表性的老产品、老设备老照片、老制服，宣传先进人物事迹，生动地展示万福钢铁厂建设发展的历史沿革和沙滩镇经济、社会、生活面貌。钢铁生产体验分馆，主要是运用文字图片、实物标本、模拟造型、多媒体互动、虚拟现实技术等传统展示与现代科技手段交叉利用的方式，再现钢铁生产的全过程。现代钢铁工艺品展示馆，重点展示高端的碳结钢、碳工钢、合结钢、合工(含模具)钢、不锈钢、弹簧钢、轴承钢、高工钢等钢材料产品，开发高端钢铁手工艺品、模型制品、首饰、手表等旅游产品。三是开展档案影像资料收集。及时成立工作组，聘请专业人员对博物馆内设和展陈进行科学的布局和设计，突出时代特色、地域特色和钢铁工业文化。由专人负责博物馆馆藏资料的收集整理工作，并通过开展广泛的社会动员，组织万福钢铁厂的退休工人、亲属捐赠有一定历史价值的有关物件、档案、图片等资料。

第三，打造工会会员培训疗养基地。一是确定科学合理的定位。重点围绕沙滩镇的人口资源、工人文化资源、生态资源等开展谋划，深挖文化内涵、生态特色和地域风情，立足万源市、服务川东北、面向全国打造以工人文化为核心的对外疗养培训基地，经过几年的努力，使之成为川东北一流的工人培训疗养基地。二是打造特色的培训疗养项目。重点打造听先辈创业故事、开发走钢铁生产路、住工人集体宿舍、吃工人集体食堂、看集体露天电影、跳健身操、唱年代歌曲、品万源特色小吃等特色疗养培训项目，打造一批体验式现场教学点和特色的现场教学微课程。设计科学合理的健身路线，打造适于健身的基地，聘请专业的健身教练和康复医师，结合针灸、艾灸、药膳开展运动恢复和身体健康训练。三是建立较为科学的运营模式。通过争取中央、省、市以及本地工会的支持，改建、扩建规模适中的工会培训中心，在沙滩镇挂牌成立各级工会干校分校和劳模疗养签约基地。积极与企事业单位合作，争取更多的单位来沙滩镇开展工会活动。拓展与各级党校的合作，争取在沙滩镇挂牌现场教学基地，吸引各级党员干部来沙滩镇研学。

第四，建设矿坑探险遗址主题公园。可以依托山水资源和矿坑遗址（表5-3），融入文化创意创业产业园区模式，对片区可利用的工业遗址空间进行综合性打造，建设矿坑遗址景观公园。在公园显著位置设计“万福记忆”大型雕塑，发展玻璃栈道、涂鸦艺术、攀岩项目、游乐项目、探宝项目、真人CS项目、漂流项目等特色游玩项目，把矿坑遗址主题公园建设成青少年科普教育基地、爱国主义教育基地。

表5-3 沙滩镇矿井矿坑遗址

位置	矿遗址小地名	井口深度	是否适合开发
小河口村3社	关田坝标高615#	平巷200米向山下延伸	较为适宜
	关田坝标高560#	平巷1800米	—
小河口村5社	老渡口大桥下到100米处标高510#	平巷300米向山下延伸	—
栀子园村4社	斑竹林标高516#	平巷直进200米	—
党家坡村3社	长湾煤矿标高580#	平巷200米向山下延伸	较为适宜
鸳鸯池村2社	鸳鸯池王家垭口844#	平巷800米	—

第五，打造“川东北工业遗产旅游文化节”品牌节事活动。每年选择相对固定的时间举办“川东北工业遗产旅游文化节”，邀请曾经在万福钢铁厂工作过的干部职工、万源万福钢铁厂的退休老干部、退休工人、工人家属、知青等固定群体开展“回乡省亲”活动，展示沙滩镇的工业遗产特色小镇的建设成果，宣传特色旅游产品，推动从“工业绣带”向“生活秀带”转变，打造特色工人节庆品牌。

3.积极推进“工业遗产旅游+”

第一，打造高端研学旅游基地。利用沙滩地质地貌、矿坑、生物资源、厂矿建筑资源等，重点开展地质奇观探险、生物多样性研究、建筑保护开发等研学旅游项目，鼓励四川农业大学等农业院校与农业产业园合作，打造一批农业产业工作室。与全国知名美术学院、有影响力的理工大学等地质、艺术类院校合作，建立一批科考、研学旅游以及绘画艺术实习基地。开展无人机全景游览、虚拟现实舞台剧展演、网络VR全景云平台等旅游项目，增加旅游的神秘性和吸引力，使游客在短时间内能够融入旅游情境中。

第二，打造康养旅游基地。利用沙滩镇的生态资源优势，引进企业整合农村的生态资源、住房资源和人力资源，建立中医针灸、熏蒸等文化体验馆，开展养生推广、养心体验、养颜保健、养老服务、消夏避暑等乡村旅游项目，发展特色的乡村民宿、旅游驿站，打造1—2个集生态养老、养生保健、休闲旅游于一体，汇聚养心、养颜、养生、养老等综合医养功能的特色旅游村。建设乡村康养体验中心、养老服务日间照料中心，创新养老模式，打造“康养服务示范村”。

第三，打造休闲农业基地。将沙滩镇按照“一村一品、一品一特”的要求整体打造成农业生态农业园，在突出产品绿色、生态、富硒、康养特色的基础上，重点发展养殖业、种植业等农业产业，充分展现旅游产品的品质特征、地理特征、人文历史和自身独特性。重点开展领略巴山乡村自然风光、城郊休闲、农事采摘、巴山民俗体验、巴山名吃品尝等乡村旅游项目，将传统的农业生产生活和农村生态转化成游客向往的农事体验、寻觅乡愁等特色旅游产品，让游客体验淳朴的沙滩镇民风，提升乡村旅游的趣味性、参与性、娱乐性，增加农产品的可读性、共享性和体验性，推动低端、中端、高端产品的协同发展。

4.强化保障措施

第一，加强环境综合治理。严格实行分块规划管控、清单管理，提升沙滩镇建设质量。有计划地在镇域启动5G基础设施、物联网等新基建项目，开展“数字镇（村）建设”。推进农田改造、道路建设、河堤治理，配套防灾减灾设施，补齐基础设施短板。争取项目资金支持，抓住独立工矿区改造的契机，积极开展宾馆、餐饮企业、物业公司、乡镇宾馆、农家小院、特色餐饮场地等区域的标准化打造工作。在垃圾分类、污水治理、卫生习惯等方面精准发力，确保镇村干净、整洁、有序。融入公园城市理念，突出镇村公园化设计，提升镇村品质品味，助力沙滩镇乡村振兴和全域旅游的跨越式发展。

第二，加强旅游宣传营销。在工业遗产旅游营销推广中广泛采用VR虚拟现实技术开展游客预体验，加快推进“互联网+旅游”深度融合和创新发展，为游客展现更清晰的旅游愿景。将生态有机农产品，按照“统一品牌、统一标准、统一包装”的要求进行生产销售；要强化品牌设计、营销和推广，建设旅游目的地数字营销系统。聚焦“万福记忆、巴山画廊”

的旅游宣传口号，实施宣传片活动营销、口碑营销、网络主播营销、体验式营销为一体的“四轮驱动”营销模式。

第三，协调不同利益主体的关系。要在项目实施中，处理好政府、市场、社会与居民之间的关系，通过建立科学的工作机制，在旅游发展中全面贯彻“居民全面参与、生态保护优先”的价值理念，针对旅游业的开发条件、项目实施条件、受益目标人群、实施主体等方面进行精准的分析。利用多种渠道对农村居民的发展意识、服务意识进行培训。并引导企业妥善处理好盈利与履行社会责任之间的关系，做到谋求自身发展的同时推动沙滩镇的经济发展、群众增收、生态环境治理，形成政府、企业、居民的共生共赢关系。

第三节　巩固拓展脱贫攻坚成果同乡村振兴有效衔接

自2013年以来，农村社区在政策、资金、资源等要素多向推动下，面貌焕然一新，社治“善治”的基础得到夯实。在精准扶贫过程中，不同社会力量“介入”到乡土社会中，贫困村、贫困人口与不同社会主体之间的互动变得频繁，贫困人口也因频繁的互动与“第一书记”、帮扶责任人等建立了密切的关系，非贫困人口也成了扶贫场域的重要参与者和扶贫工作的推动者，贫困村、贫困人口获取资源的路径、机会不断增多，参与农村社会治理的能力不断提升，国家、社会精英、普通民众之间的关系呈现出新的形态，制度与礼俗作为治理“工具”在农村社会关系中交替作用，使农村社区的社会结构发生了深刻的变迁，也给未来的农村社区治理带来了新的课题。因此，在乡村振兴中，要重点解决好乡村聚落“空废化”、住宅“空心化”和人口老龄化三重问题叠加的困难，使更多的社会个体愿意留在农村，实现个人发展与农村发展的共赢，推动农村产业发展，提升农村治理效能，形成产业兴旺、生态宜居、乡风文明、治理有效、生活富裕的美丽乡村新格局。

一、乡村振兴背景下农村社会治理的“社会场域”

社会治理的方式、主体、路径的转变是社区治理发展的外在体现，不同时期治理手段的选择取决于国家治理目标的变化和不同治理主体对资源的掌握程度，由此我国的基层治理技术的类型经历了运动型治理、项目型治理和基层民主治理的变革。在农村治理理念的选择上，主要有人本治理理念、依法治理理念和系统治理理念。系统治理理念把社区治理看成一个密切联系的系统，这个系统包括主客子系统、治理要素子系统和外部环境子系统。主客子系统把政府、社区居民、社会组织等一切参与社区治理的力量都视为社区治理的主体，把农村社区整个“场域”看作社区治理的客体，而协同治理是社区与政府、社会、自治组织、市场以及居民社会互动的过程。治理的要素主要包括实现治理目标所需要的制度、政策、人力资本等资源。治理的外部环境是包括居民的心态、社会的心态和参与力量的心态，系统、要素、环境的互动塑造了农村社会治理的结构。

社区治理手段和路径的选择，受信息化、智能化加速的影响，信息技术已成为当前基层民主治理的重要影响因素，互联网、大数据、新媒体等颠覆了基层社会治理中信息的交换、传递、获得的方式，现实世界与虚拟世界的交织导致基层社会治理既要处理现实世界不同利益主体的利益关系，同时还要处理或承受虚拟世界的叠加信息压力。在一些社区，“乡绅”和“乡贤”也成为引领农村社会治理的重要因素。“乡绅”参与农村社会治理一方面来源于政府的“赋权”，另一方面又援引地方性的规范，在二者组合的基础上进行“复合治理”是乡村治理运行的主要特征（狄金华，2015）。乡绅和乡贤群体是乡村的精英群体，这一群体在农村社会治理中扮演着村庄保护人、国家代理人、赢利型经纪人、社区当家人、阶层代言人和家庭代表人的角色（李祖佩，2016；卢福营，2004），角色的多元导致乡土精英对任何一方都不能全心全意，背后隐含着村干部实现去他者化的动机（徐慧清，2006）。因此，在乡村振兴中，需要培育具有公共意识的“新乡贤”助推农村社会的发展。此外，农村社会治理要与农村的产业发展紧密结合，大力发展农村社会组织，并为农村社会组织发育提供更多的自主权和相对宽裕的公共空间，使农村社会治理的“社会场域”更具活力。

二、推进乡村振兴面临的困境

乡村振兴是时代课题，但在欠发达地区，农村发展面临着内生动力不足和外部风险增加的双重困境。

（一）导致农村居民返贫风险的因素仍较为复杂

自2013年以来，中国的减贫事业飞速发展，减贫人口总量和效果得到了全世界的公认，在反贫事业取得决定性胜利的同时，贫困人口的存量已“清零”，2021年我国已宣布全面建成小康社会，解决了中国几千年来的绝对贫困问题。但从长远的社会发展来看，返贫风险仍是乡村振兴中难啃的“硬骨头”。受自然灾害、疾病等不可控的社会风险的影响，部分已脱贫的农村居民，仍有可能陷入“经济性贫困陷阱”或“公共物品”供给不足的窘境。较窄的收入来源渠道和较低的收入水平仅能满足日常基本生存需求，对进一步改善生活质量，提升教育、卫生和文化生活等方面的支出能力较差，社会支持网络和社会资本支持不足，获得社会资本支持的途径缺乏，抵御和控制社会风险的能力和手段不足，不可控的自然因素、社会因素、生理因素叠加导致了一些农村社会群体极可能再次陷入困境，不可控的社会风险已成为“二次”致贫返困的重要因素，需要进一步在政策、资金、资源等方面加强投入以弥补部分农村居民生活来源的不足。此外，要重点解决基层群众在工作中重经济手段轻文化价值激励的现象，在物质上的给予与获取成为群众工作的主要特征，这种模式在解决人民群众生活问题的同时容易产生需求依赖的不良社会发展倾向，“等靠要”的思维与发展的内生动力不足或多或少造成了乡村振兴缺乏后劲，进而也会影响到农村居民抵御社会风险的信心和决心。

（二）产业发展的资源丰富与开发转化困难的问题

推动产业发展由“量”向“质”的转变仍需解决好基础设施建设、产业发展统筹、农村发展资金统筹的问题。目前，一些地区的基础设施仍不能完全为乡村振兴中的产业发展提供支撑。在西部地区，农村基础设施建设受地理位置、交通状况、环境条件的影响较大，道路修建成本高，农村基础条件差，居住环境较差，生产生活不太便利。虽然精准扶贫改善了农村的基础设施条件，但与平原地区或中东部地区的农村相比，西部地区的农村人居环境、生态环境仍较差。资金投入力度满足不了基础设施建设的要求，且基础设施建设发展与产业发展的对接不足，导致了农村“资源丰富”与“转化困难”的矛盾一时间很难得到解决。

在产业发展的统筹上，一定程度上存在产业发展缺乏规划的现象。横向上，不同市、县之间的产业缺乏统筹，纵向上，市、县、乡、村之间的产业发展缺乏规划，导致农业的同质化现象较为严重、竞争力下降，农民受益不高。比如，在蔬菜水果、药材的种植过程中，由于对市场需求信息掌握不准和自身能力的限制，产业发展中“粗放式”经营的占比较多，优质的、高效的、附加值高的现代生态休闲养生农业占比较少。此外，休闲旅游业、康养服务业、精品中药材种植业、农产品深加工业发展得较少，基础较为薄弱，与外出务工相比，这些产业投资大、见效慢、市场风险大，导致返乡创业的农民工、技术性人才、接受高等教育的村民不愿意转行到农村发展，现有产业存在局部“过剩”与整体“不足”同时并存的现象。

在农村发展资金统筹问题上，从精准扶贫过程中资金的来源和投入区域看，大多支持农村发展的资金、项目是以部门、行业为基础进行划分的，造成扶贫资金的“条块分割”情况较为突出，部门、行业整合项目资金的能力直接影响帮扶村获取各方支持的能力。特别地，社会各方捐助资金缺乏有效的接收途径，导致重复获得慈善捐助与得不到捐助的现象同时并存，不同帮扶力量缺乏统筹导致脱贫资金“来源广”与“统筹难”的问题较为突出，在乡村振兴中要通过地方统筹进一步予以解决。

（三）农村人力资本的需求大与农村留人难的问题

乡村振兴的关键是人的振兴，而现实的农村发展主要面临人气不足、人力资本缺乏、人才缺失的问题。在现有人力资本体系的建设上，农村的发展较为滞后与农村人力资本的缺乏是一对共生现象，又是一对矛盾体。要解决农村的振兴问题，急需要发挥“人”的主观能动性，通过自身的努力改变现状，但农村一时无法提供改变生存环境和进行生产创业的条件，这时外出务工成为快速工业化背景下改变自身困难处境的一种选择。此外，受自身经历、教育水平不同的影响，部分农村居民习惯于长期从事一项相同的工作，不愿意追求变化，在行为上表现出自我懈怠，自我消耗的“内卷化效应”，不利于农村的劳动力转化为有效的人力资本。农业产业化发展缺乏有能力、有热情的带头人，缺乏新型农业经营主体与农民自身利益结合的经营活动，对农民的辐射帮助带动作用不够。

乡村振兴还要处理好现有的“人”如何发挥作用，不足的“人”从哪里补充，引来的“人”如何留得住等现实问题。要解决好农民的主体参与意识不足、“政府干、农民看”的现象较为普遍、农民自主创业和自我发展的能力较弱的问题。目前，农村缺乏创业投资的环境和人才存留的基本经济保障，农业产业规模化种植经营的配套服务措施不完善，很多乡村不具备返乡创业的条件，投资创业的风险较高，很难形成人力资本聚集的合力。在农村留人的机制上，基层干部、教师、医生的待遇偏低，岗位吸引力不足，仍需因地制宜加强制度创新，解决好乡村振兴急需的规划类、科技类、经营管理类等人才的激励措施尚不完善的问题。留人机制不完善导致人力资本的“需求大”与农村“留人难”的矛盾日益突出。

此外，在人才成长环境上，需要树立正确的价值导向。受传统观念和自身经济条件的影响，一些农村家庭对教育的投入较少、积极性不高，教育资源供给不足，且教育投资与期望的回报不成比例的情况，削弱了农村居民的教育积极性，阻断了部分弱势群体获得发展能力和流动的机会，很多类似的“案例”使得农民选择走出去务工获取生计。

（四）农村社会治理协同难与获取共识难度大的问题

凝聚社会共识是社会治理的最核心的目标。在农村社会发展中，政策、福利等方面的差异，导致农村居民之间的矛盾日渐凸显。在获取资源上，部分农村居民之间存在盲目比较的现象，往往忽视自身的经济条件和生计处境，从众行为和盲目攀比现象影响了村民的价值判断。在一些农村，由于社会分化程度低，农村社会群体之间获取福利的水平差异较小，不同群体之间的差异更是微乎其微，按照比例下达到村庄的低保名额的分配问题很难达成一致，在很多地区只能变相为“轮流的福利分配”。

在农村社会发展中，通过制度安排，一些群体获得了医疗、资金及其他更多的资源，这种变化客观上造成了不同群体获取社会支持的程度不同，有可能增加一些未获益群体的相对剥夺感，在一定范围内产生了现实性冲突和非现实性冲突，导致不同利益群体的协同难和共识度不高。

在产业发展带来的收益分配上，“企业 + 农户 + 合作社”等市场化的运作模式，追求产业的规模效应，在一些时候成为资源丰富群体获得利益的方式，普通群众的参与获益水平不高，在一些农村往往很难找到能够真正帮助农民致富的企业家和带头人。在营商环境上，一些农村居民的思想落后，“肥水不流外人田”的思想较为严重，不愿意外来企业到村里投资兴业，缺乏长远眼光，甚至有些时候人为设置障碍，将一些有意愿在农村发展的企业“逼走”。在发展氛围上，现有农村人口结构老龄化比较严重，很多农村居民以年龄大、体力不支、不熟悉营销等为由拒绝就业创业或参与农村的产业发展，干事创业的社会环境亟待培育。这些因素也在一定程度上阻碍了各类人才向农村流动和产业发展。

三、综合施策推进精准扶贫与乡村振兴有效衔接

（一）构建多元主体参与的乡村治理新格局

在乡村振兴的背景下推进农村社会治理现代化，需要构建多方参与的农村社会治理的格局。2013年，中共中央办公厅、国务院办公厅印发的《关于创新机制扎实推进农村扶贫开发工作的意见》中明确提出，要“构建政府、市场、社会协同推进的大扶贫开发格局，在全国范围内整合配置扶贫开发资源，形成扶贫开发合力”。2021年《中共中央　国务院关于实现巩固拓展脱贫攻坚成果同乡村振兴有效衔接的意见》中明确要求：“将巩固拓展脱贫攻坚成果放在突出位置，建立农村低收入人口和欠发达地区帮扶机制，健全乡村振兴领导体制和工作体系，加快推进脱贫地区乡村产业、人才、文化、生态、组织等全面振兴。”在构建农村社会治理新格局中，各级党员干部要发挥自身优势，客观地审视精准扶贫取得的成绩和乡村振兴面对的困难，着眼于推进农村社会长远稳定发展和构建社会秩序的角度去思考工作。要积极推进政府、企业、行业协会、新型农业经营主体参与到农村社会治理中来。要积极发挥不同主体在集体经济的股份制改革、协商治理、居民自治以及社区居民心态调整等工作中的作用，完善农村社会治理体系，汇聚农村发展的巨大合力，凝聚发展共识，提升农村产业、社会事业发展和基层党组织建设水平，形成农村现代化事业发展的新格局。

（二）建立乡村振兴所需人力资本“三张清单”

实施科学分类“靶向”精准服务机制，建设现有农村各类人才清单。要建立人力资源“清单”，按照性别、年龄、知识储备、所会技能、发展需求分析现有农村人力资本现状，对区域所有自然村做好人才规划，更新完善乡村人才信息库，定期评估乡村振兴的人力资本需求，提出发展规

划、培训措施和人力资源整合方案。要建立实用人才需求清单，在摸清区域人才总量、人才性质以及人才在城乡、区域、产业、行业分布的基础上，根据地方发展实际，提出致富“带头人”、文化传承人、新型农业经营主体、职业农民、治理人才、农村实用人才等急需人才“清单”，为壮大人才队伍提供可靠决策依据。要制订定向精准服务清单，做好乡村振兴人力资本引进培养的顶层设计，以系统的方式考虑乡村振兴的人才引进工作。参照有关地区先进做法，开展“劳力返乡、市民下乡、能人回乡、企业兴乡、产业富乡”的“五乡协同”计划，通过培训、培养等工作，提升人才素质，防止人才分布不均、作用发挥不够的现象发生。

（三）健全贫困村引人、聚人的机制

推进精准扶贫与乡村振兴的有效衔接，引人、聚人是关键。要按照培养造就一支懂农业、爱农村、爱农民的“三农”工作队伍的工作要求，实施“千名学子定制培养计划”，开展“一村一大学生”培养工程，重点培养一批农业技术人员、产业发展带头人、基层党组织带头人。坚持“不为所用、但为所用”的原则，注重乡村规划师、科技带头人、农业职业经理人、电商管理人、农产品经纪人、文化能人、品牌运营师等人才的柔性引才方式，采取挂职、兼职、担任荣誉职务等方式，推进优质人才“共引共享”，突出人力资本的动态管理，提升乡村人力资本的整体水平。有计划地推进市民与农户结对、能人返乡创业、企业与农村产业对接等工作，以农业生产经营型、农业科技型、农业服务型为主，吸引和培养一批农业干部队伍、企业家队伍、科技人才队伍、新型职业农民队伍。要强化政策支持、物质和精神激励，吸引各类群体投身农村、农业发展，拓宽农村产业发展的渠道，为农村社会治理发展、构建现代农业产业生产经营体系、培育新型农业经营主体提供政策和人力资本的支撑，因地制宜地建立农村劳动力动态性使用机制或“共享”机制，保证农业从业人员的收益。要落实返乡创业的相关政策，大力实施“急需技术人才”外引计划，“乡村能人”回流计划。解决好居民生存、发展必需的公共物品供应问题，高质量发展

农村教育医疗卫生事业，建立多方位、多渠道政策支持体系，让人才能够发挥作用、留得住。实施"订单式"人才培养，鼓励高校、企业与农村联合培养人才，实施免费农科生计划，建立职业教育、继续教育为一体的农村人才培养体系。实施千名"土专家、田秀才、民间艺人、乡村工匠"等类型的乡土人才返乡创业工程，强化农民工、农民创客、农业工人等"刚性"人力资本回流，积极从优秀青年农民工中发展党员，开展农村"创业明星"评选活动，挖掘培养一批养殖能手、种植大户、回乡创业青年、"网络红人"等乡土人才，通过人才队伍建设推进乡村振兴。

（四）激发城郊结合部市场活力

在乡村振兴中，落实"稳就业、保居民就业"的"六稳""六保"工作要求，必须进一步促进市场繁荣，吸引更多的旅游者到农村观夜景、看演出、品美食、享购物，激发市场主体的创造性，增强社会活力。城郊结合部是乡村振兴特殊的区域，通过发挥城郊结合部"连城带乡"的空间优势，重点提升餐饮服务业、商品零售业等"小"经济形态承载就业、保障民生的功能，繁荣城市街巷经济和家庭微型经济，增加就业岗位，提升居民的就业水平。要做优"地摊经济"，大力推广汽车"后备箱市集"展销会，"灯光夜市"，美食摊位，文创市集，安排"日夜交替"产业经济类型，提升摊位转换率和经济效益。要规范主体参与，树立"低门槛、低风险"并不是"无门槛、无风险"的观念，"夜市经济并不等同于可以随意摆摊"的理念，让"软监管"更有效。要按照相关部门出台的《食品小作坊、小经营店认定标准》的要求，通过电话咨询、网络办理、预约办理等途径开展小作坊、小经营店和小摊点审批管理，简化相关登记、备案流程。要以市域社会治理现代化为抓手，建立服务管理"负面清单"，利用大数据摸清区域内电瓶车、摩托车车辆底数，依据"就近方便、保证安全"的原则整合周边小区资源，为有条件的小区设置智能电瓶车充电桩，通过下载小程序，采取扫码支付的方式，进行集中存放、集中管理，在"安全、环保、健康、整洁""定时、定点"的前提下进行规范管理，形成激发市场活力的长效机制。

（五）培育农村共建共享的治理文化

在农村社区治理中，如果社区居民缺乏集体观念、共同体认知、社区精神的心理认同，就无法达到协商共治的目标。因此，需要增强社区的共同体意识，孕育培养社区居民共同的爱好、共同的价值和共同的发展愿景。在这一理念的指导下，社会力量要注重农村文化生态和关系生态的保护，在选择一些策略用以帮助低收入群体解决困难时要秉承“价值中立”的原则，不要过多地介入乡村振兴具体工作，可以在发展和处理社会关系上给予农民有启示性的建议方案，切忌将自己的意志强加到农民的发展理念上，更不可把自身参与扶贫济困的志愿活动以及推动乡村产业发展做出的贡献，作为提升社会地位的“符号”或社会交往中炫耀的资本，避免因不当行为改变农村居民的正常生活，影响农村社会共识的形成。要积极发挥地方文化中伦理道德、村规民约、风俗习惯等非正式制度的作用，用好传统民风民俗的各种仪式，传递正确的价值观，教育引导农村居民热爱集体、热爱乡村、热爱乡邻，树立自强自立的集体人格，阻断因思维认识不足导致发展问题“代际传递”，涵养治理共同体的精神纽带，筑牢社会共同体延续的文化基础。

四、案例分析：在乡村振兴中推进达州特色村景区化

实施乡村振兴战略，产业是基础，人才是关键。其中，在有文化资源、生态资源、农业资源的村落推进文旅融合、农旅融合，使特色村逐步“景区化”是推进乡村产业振兴、吸引人力资本返乡创业的重要抓手。达州市村级文化资源、生态资源、农业资源非常丰富，在“四川十佳产业兴旺村”“四川十佳生态宜居村”“四川十佳治理有效村”的评比中，宣汉县八庙村、万源市牛卯坪村、大竹县长乐村等均榜上有名。但从整体上来看，达州市的“特色村”建设存在村级环境质量不高、资源优势转化为经

济效益的能力差、景点间联动差、产业链不足、产业效益不好、产品竞争力差、“聚才引人”的作用发挥不够等突出问题。急需通过多种方式推进“农业园区景区化、景村一体化”，为建设旅游强市、推动区域经济发展和加快乡村振兴提供有力支撑。

（一）明确目标，高标准实施村级人居环境整治工程

在推进“特色村”景区化的过程中，加强环境综合治理是关键的一环。结合脱贫攻坚、乡村振兴中的人居环境改善，投入专项资金，以“厕所革命”为抓手全面改善农村的人居环境，持续推进以农村生活垃圾、村内塘沟、畜禽养殖粪污等农业生产废弃物的清理和改变农民生产生活不良习惯为基本任务的“三清一改”工程，集中力量开展村庄美化清洁专项行动，推动全区域农村人居环境质的改变。要大力开展“百村示范、千村整治”工程。逐步推进重点交通沿线、重点旅游线路、重点旅游景区、城乡结合区域村级环境综合整治，力争3—5年打造一批环境“生态优美、功能完善、宜居宜业”的生态示范村，提升农村环境支撑旅游业、康养业等特色产业发展的能力。要建立健全农村环境整治的激励机制，加大宣传教育，创新环保宣传方式，积极运用报纸、互联网、微信群大力开展“我为环保添动力”的微视频征集活动，充分发挥舆论监督和宣传激励作用，深入宣传习近平生态文明思想，让“绿水青山就是金山银山”[①]的理念深入人心，提高全社会生态环保意识，增强环境保护的社会参与度，改变农民的传统环境行为。在环境治理中，还要发挥农民主体地位，建立乡镇政府与农村居民共同治理农村环境的协议机制，鼓励农民监督各种破坏环境的行为。并将人居环境的改善作为农村“最美家庭”评选的重要指标，设立“农村生态环境保护基金”，由县级政府设立“县域生态环保奖”，对先进个人给予物质、精神奖励，为城乡生态文明建设营造良好氛围。

①《习近平关于社会主义生态文明建设论述摘编》，北京：中央文献出版社，2017年版，第23页。

（二）找准定位，高起点整合打造连片特色旅游村

因地制宜、分清层次、彰显特色是推进“特色村”景区化的关键。首先，推动重点旅游景区周边村落的景区化。以A级景区周边乡村打造为重点，重点推进巴山大峡谷风景名胜区、黑宝山-烟霞山风景区、八台山-龙潭河风景区、五峰山国家森林公园、磐石都市农业体验区周边的“特色村”景区化，提升美丽乡村建设的“经营性”和“共享性”水平，推进重点景区“特色村”从“宜居”向“宜业、宜游”质的转变。其次，打造一批特色名村和农业产业名园。在多规合一、一（多）村一策的基础上，精准实施“一（多）村一品、一（多）乡一业”的发展策略。重点打造宣汉县君塘镇洋烈新村、通川区金石乡金山村、大竹县童家乡童家村、庙安乡龙潭河村、宣汉县马渡乡百丈村、万源市秦河乡三官场村、通川区磐石镇山青村等一批特色名村。推动通川区磐石都市农业体验区、巴山脆李标准化果园基地、秦巴植物博览园等农业产业园提升旅游接待能力，使它们成为体验农事的品牌名园。第三，打造特色乡村风貌示范带。沿巴山大峡谷所在的三墩、漆树、渡口、龙泉等乡镇打造“巴文化”风貌展示带，开发特色乡村公园，建设“微型”巴人文化体验馆。在磐石、百节等乡镇打造农事体验带，沿黑宝山所在的赵塘、中坪、石人、黄钟等乡镇打造康养研学旅游带。推进特色村、景点、景观带串联，形成精品乡村旅游线路，打造“宜居、宜业、宜游、宜购、宜养”的乡村旅游目的地。

（三）立足地域文化特色，高品位推动乡村特色旅游项目内涵式发展

旅游项目建设要有地方性色彩和现代元素，这是“特色村”的“内核”。围绕自然生态资源优势，发展自然休闲体验型乡村旅游项目，利用区域农村优势的自然资源和农业资源，实施“文化 + 生态 + 产业”保护开发模式，让游客体验淳朴的巴渠民风，提升乡村旅游的趣味性、参与性、娱乐性。综合开发利用达州市农村的多样的生物资源、民俗文化艺术资

源、古村建筑资源等，深挖巴文化中的历史典故、神话传说，重点开展地质奇观探险、多样生物研究、民俗文化与非物质遗产传承保护、古建筑保护开发等旅游项目。利用达州市农村丰富的红色石刻标语、战斗遗址、英雄故事等川陕苏区时期的红色资源，重点开展走红军路、唱红军歌、吃红军餐等旅游项目，升级打造一批革命遗址、纪念建筑物，形成一批有特色的传承红色文化的乡村示范基地，发展红色文化型乡村旅游项目。

（四）注重品牌打造，高颜值包装特色旅游项目产品

在旅游产业发展中，要注重农副产品的包装营销，注册特色产品商标，加大醪糟、苎麻、黄花、乌梅、富硒茶、醪糟、蜀宣花牛、中药材等农产品的宣传包装力度，推出更多的“三品一标”农产品。发展创意农业、私人定制农业、会展农业、众筹农业，整合自媒体和传统媒体营销资源，加强乡村旅游产品的策划包装开发。要注重文化类产品的宣传营销，推进竹编工艺品、少数民族节庆产品、糖画、刺绣、草编、剪纸、“川东土家族薅草锣鼓”“三汇彩亭”等民间艺术的传承推广，在巴山大峡谷景区积极开展“穿巴人服、唱巴山歌、跳巴人舞”活动，培训土家钱棍队、土家车灯队、土家唢呐队、土家舞狮队、土家摆手舞队，打造具有巴文化特色的知名旅游产品。要发挥企业优势支持“特色村”品牌化发展，依托四川东柳醪糟有限责任公司、万源市花萼绿色食品有限公司、四川巴山雀舌名茶实业有限公司等知名的农业产业化龙头企业和小微民营企业开展“人才 + 项目”和“项目 + 人才”相互促进的“定向”人才培训模式，打造服务达州市“特色村”品牌化发展的创新团队，采取“以工代训”的方式培养高层次农场主、农业产业化带头人、农业创业带头人、景区管理者，注重特色村的品牌化发展，打造乡村旅游全产业链。

（五）加大要素供给，高效能创新管理体制

建立支持“特色村”景区化的基金，搭建投融资平台，解决资金不足的问题。在土地利用规划修编中，通过调整农保地比例、倾斜建设用地指

标等方式保障“特色村”建设用地需求。确立经营场镇的理念，加快公用事业的市场化运作，解决用地、基础设施建设和资金投入等瓶颈制约。深化体制管理改革，为村级经济发展增权赋能减负。在人才队伍建设上，坚持“人才+政策”原则，探索设置全市支持“特色村”建设的“编制池”，为重点产业发展“特设岗位”。健全城市和县城教师、医务人员向“特色村”及所在镇交流的制度，解决“官多兵少、事多人少”和公共优质资源不均衡的问题。

第四节　展望城乡基层社会治理现代化

全面建成小康社会是中华民族伟大复兴的关键一步，“‘十四五’时期是我国全面建成小康社会、实现第一个百年奋斗目标之后，乘势而上开启全面建设社会主义现代化国家新征程、向第二个百年奋斗目标进军的第一个五年。”[①]作为实现中华民族伟大复兴奋斗目标的重要内容，社会治理现代化是推动经济与社会协调发展的核心路径，是实现人民共同富裕，将小康社会成果惠及到广大人民群众的重要手段。进入小康社会后，人民对各种社会服务的需求更加多样化、精细化，就需要从健全民主法治，完善行政体系，提升行政效率，健全风险防范机制和矛盾化解机制等方面实现治理内容和方式的现代化，使社会的公平正义得到进一步彰显，政府公信力显著提升，基层社会治理水平明显提高，这种转变从理论和实践上丰富了社会治理的内涵和外延，拓展了社会治理的重点任务和目标，社会治理进入一个新的历史发展阶段。在未来推进基层社会治理现代化，必须从理念、制度、系统、方式、能力等方面将制度优势转化为治理效能，使社会运行更加有序，基层社会治理更加有效，不断提升人民群众的获得感、幸福感、安全感。

①《习近平在经济社会领域专家座谈会上的讲话》，北京：人民出版社，2020年版，第2页。

一、“两个一百年”奋斗目标的历史交汇点上社会治理的理论发展与内涵扩展

党的十六大把社会管理创新作为社会建设的核心内容，纳入建设社会主义和谐社会国家战略的重要组成部分。党的十八大以来，中国共产党高度重视社会领域的理论改革与实践发展，党的十八届三中全会作出的《中共中央关于全面深化改革若干重大问题的决定》，论述了全面深化改革的总目标是完善和发展中国特色社会主义制度，推进国家治理体系和治理能力现代化，并首次使用了“社会治理”的概念，要求“创新社会治理，必须着眼于维护最广大人民根本利益，最大限度增加和谐因素，增强社会发展活力，提高社会治理水平，全面推进平安中国建设，维护国家安全，确保人民安居乐业、社会安定有序”[①]。党的十九大在总结党的十八届三中全会以来社会治理的理论发展和实践的基础上，提出了“打造共建共治共享的社会治理格局”，“加强社会治理制度建设，完善党委领导、政府负责、社会协同、公众参与、法治保障的社会治理体制，提高社会治理社会化、法治化、智能化、专业化水平”[②]等一系列新的论断。党的十九届四中全会立足将中国特色社会主义制度优势转化为治理效能，为进一步契合国家治理体系和治理能力现代化的要求，提出“坚持和完善共建共治共享的社会治理制度”和“完善党委领导、政府负责、民主协商、社会协同、公众参与、法治保障、科技支撑的社会治理体系”，以制度建设为重点推进社会治理现代化。从“社会治理格局”到“社会治理制度”，从五个方面组成的“社会治理机制”到七个方面构建的“社会治理体系”，社会治理的内涵和外延发生了深刻的变化。在具体实践上，更加强调党的领导，更加注重公民社会责任感的培养，发展成果共享，社会治理中居民参与及共同体意识的构建，最终形成“人人有责、人人尽责、人人享有”社会治

①《十八大以来重要文献选编》上，北京：中央文献出版社，2014年版，第539页。

②《习近平谈治国理政》第三卷，北京：外文出版社，2020年版，第38页。

理共同体。党的十九届五中全会提出，将社会治理的重点任务放在城乡统筹上和市域社会治理现代化上，通过加强城乡社区治理和服务体系建设，向基层放权赋能，为基层特别是村级组织减负，将治理的重心下移，推进市域社会治理现代化，实现城乡社会治理的统筹发展。

总而言之，与西方社会旨在强调通过谈判、协商、妥协、让步等方式达到不同利益主体的沟通协商，形成各利益主体都主动遵守的社会契约理念相比，我国的社会治理除具有普遍意义上的治理特征之外，内涵更加丰富。在社会治理主体上，除党委、政府等主体之外，社会组织、社会团体、社会个体的参与成为日常治理活动的重要特点。在过程上，社会管理是自上而下的、单向度的管控。而社会治理是多向度、多维度的“协商”与“协同”。从内容上来看，社会管理更多是党委和政府的管理，是被动的社会控制。社会治理是党委、政府、公民等多元主体的协商共治，是主动的社会沟通。从结果上来看，社会管理是刚性的、静态的、被动的，被管理主体只能服从或接受各种决策的结果。社会治理的结果是柔性的，经过协商得出较符合各方利益的结论，协商的过程也是参与的过程，同时也是治理的重要成果（表5-4）。

表5-4　社会管理与社会治理的概念比较

项目	主体	过程	内容	结果
社会管理	单一	单向度	行政管理	刚性的、主体单一的被动管控
社会治理	多元	多维度	党委、政府、公民等主体的合作共治	柔性的、多元参与的主动治理

二、实现第一个百年奋斗目标历史进程中社会治理的成就与特点

在全面建设小康社会过程中，社会治理全面落实了坚持以人民为中心的发展理念，在制度建设、机制建设、体系建设等方面得到加强，在社会

治理的理论与实践中，始终在一切治理活动中都尊重人民主体地位，发挥人民首创精神，拜人民为师，并把维护群众利益作为治理的首要目标和根本目的，把制度建设作为治理的坚强保障，把文化发展作为社会治理的深厚支撑。

（一）全面建设小康社会伟大进程中社会治理的瞩目成就

1.党的领导在社会治理中得到加强

党的领导是创新社会治理的根本政治保证，在社会治理的实践中，利益的调节是不可回避的主题，而调节利益关系时必须加强党的领导。一方面，党的组织力量和组织体系可以为利益调节带来制度支撑和资源支撑，使利益调节更加有效。另一方面，党除了工人阶级和最广大人民群众的利益，没有自己的特殊利益，“从来不代表任何利益集团、任何权势团体、任何特权阶层的利益。”[①]所以在处理具体矛盾时，党最能兼顾地区、部门、群体、公民等不同利益主体的利益，使调节的过程更加科学，调节的结果更加可信。党的十八大以来，为更好地维护实现群众利益，中国共产党坚持党要管党，推进全面从严治党，强化了对权力和党员干部行为的制度约束，改进了党员干部的工作作风，维护了群众的根本利益，在化解社会矛盾，净化社会风气方面做出了突出努力，中国特色社会主义社会治理展现出崭新气象，进入新的发展阶段。

2.社会治理基础性制度有重大突破

自2012年以来，社会治理的制度建设得到全面加强，在社会稳定机制、社会矛盾化解机制、利益调节机制、城乡治理机制等方面取得了瞩目的成就。《中共中央关于坚持和完善中国特色社会主义制度　推进国家治理体系和治理能力现代化若干重大问题的决定》《信访工作责任制实施办法》《中共中央　国务院关于加强和完善城乡社区治理的意见》《中共中央　国务院关于实施乡村振兴战略的意见》《中共中央关于加强和改进党的群团工作的意见》这些制度意见的出台，使社会治理更能够做到有章可

①《习近平谈治国理政》第四卷，北京：外文出版社，2022年版，第9页。

循，治理的路径更加清晰，提升了社会治理的制度化、法治化、智能化、现代化水平。

3. 以人民为中心、主体的社会治理实践有重大成效

为改善人民群众的生活境遇，解决几千年来的绝对贫困问题，中国共产党开展了全方位、全覆盖的精准扶贫工作，围绕“两不愁、三保障”和“一超”“六有”，不断改善人居环境、就业环境、生活环境，创造了良好的社会关系和人文生态，改变了农村发展的整体面貌。在农村社区治理中，围绕精准帮扶，各级党组织下派“第一书记”、驻村工作队队员支持农村社会治理，并开展了针对贫困群体的“一对一”精准帮扶，解决了群众的生活困难。在城市社区治理过程中，围绕满足人民群众多样化、多层次的需求，全国各地开展了党员到居住地社区和工作地社区的“双报到”和城乡结对共建活动，在一定程度上弥补了社区整合资源的不足。在平安社区建设上，将社区治理作为国家安全治理的重要组成部分。习近平同志指出：“平安是老百姓解决温饱后的第一需求，是极重要的民生，也是最基本的发展环境。”①为增强人民群众的安全感，党中央把“平安中国”建设作为社会治理的重要内容，启动了扫黑除恶专项斗争，严厉打击涉黑涉恶的恶性案件和保护伞，有力地维护了的社会稳定，推动了社会秩序的良性运转。在抗击新冠肺炎疫情的战役中，坚持把人民生命安全和身体健康放在第一位，统筹推进疫情防控和经济社会发展工作，有效地保障了人民生命健康安全。

（二）全面建成小康社会过程中社会治理的特点

1. 更加注重风险防控与应急治理相结合

在实践中，社会治理一般包括正常状态下的社会治理、社会风险治理和应急突发事件管理三个方面。常态化的社会治理是维护社会运行的重要手段，主要是满足人民的各种生活服务需求。风险治理注重的是对社会可能出现的治理矛盾进行提前预判，形成科学合理的工作方案，使风险降到

①《习近平关于社会主义社会建设论述摘编》，北京：中央文献出版社，2017年版，第148页。

最低，这种治理在基层没有得到应有的重视，导致一些“苗头性”的问题没有得到及时的处理而引发大的社会问题。风险治理意识不够直接导致了应急管理效果不好，这一状况在2003年抗击“非典”之后得到改善，2003年之后，我们开始建立“一案三制”的现代应急体系，经过十几年的不断完善发展，基层应急管理不断走上规范化、科学化和法治化轨道。2017年，《国家突发事件应急体系建设“十三五”规划》出台，对改善应急管理体系建设中的基础薄弱问题、理论发展滞后问题、应急反应能力较低问题有巨大的推动作用，使应急管理向风险治理延伸。在2020年的抗击新冠肺炎疫情的战役中，在中国共产党的坚强领导下，坚持依法防控、科学防控，迅速建立全国疫情信息发布机制、药品研发机制，通过强有力的社会动员，在最短的时间内控制住了疫情的传播，并及时推动防控工作由应急性超常规防控向常态化防控转变，健全及时发现、快速处置、精准管控、有效救治的常态化防控机制[①]，提升了应急管理的整体水平。

2. 更加注重现实治理与网络治理相结合

网络社会一方面独立于现实社会，但又融合于现实社会，是人与人交往的新的空间方式。在网络社会治理中，由于各主体之间的“匿名性、平等性”等特点，使人人都成为“信息源”，造成各种信息都在互联网上出现，真假难辨，一些信息还散布危害社会的谣言，甚至出现非理性带有危害政治安全的言论，给维持社会秩序和政治机构的稳定带来了风险。互联网技术的兴起，创新了社会治理的手段，提升了社会治理的社会参与度，作为网络大国，截止到2020年12月，我国网民规模达9.89亿，其中99%以上的用户是手机上网用户[②]。加强网络社会治理已成为迫在眉睫的重要任务。近年来，党中央不断强化互联网治理的顶层设计、制度设计和机构设计，2017年6月，《网络安全法》正式实施，标志着中国互联网空间正式进入了依法治理的崭新阶段。

---

① 习近平:《在全国抗击新冠肺炎疫情表彰大会上的讲话》,北京:人民出版社,2020年版,第6页。

② 第47次《中国互联网络发展状况统计报告》,http://www.cac.gov.cn/2021-02/03/c_1613923423079314.htm。

3. 更加注重城乡社区治理统筹

城乡社区是社会治理的基本单元，同样是社会治理的重心所在[①]。习近平总书记指出："城乡社区处于党同群众连接的'最后一公里'"，"社会治理的重心必须落到城乡社区，社区服务和管理能力强了，社会治理的基础就实了"。[②]经过不断发展，城乡社区特别是农村社区的党建得到进一步加强，党在社区的执政基础地位得到进一步夯实，社区干部队伍素质能力得到进一步增强，社区治理的智能化、专业化水平得到进一步提高，社区服务的保障机制和阵地建设得到进一步完善，人民群众的满意度和幸福感得到进一步提升。

三、全面建设社会主义现代化国家新征程上社会治理现代化的重点任务和工作目标

在全面建设社会主义现代化国家新征程上，社会治理要重点围绕提升社会运行效率和人民群众的满意度，进一步完善社会治理制度、社会治理方式和社会治理内涵，使社会治理的现代化更好地满足国家治理能力和治理体系现代化。

（一）全面建设社会主义现代化国家新征程上社会治理现代化的重点任务

1. 持续强化党的领导

基层治理中，要坚决抵制党的领导弱化、虚化、淡化、边缘化的行为，持续发挥党的领导在"党委领导、政府负责、民主协商、社会协同、公众参与、法治保障、科技支撑"的社会治理体系变革中的统领作用。即通过政治引领确保社会治理有正确的价值方向。通过组织引领提升社会治

---

① 龚维斌：《改革开放以来社会治理体制改革的基本特点》，中国特色社会主义研究，2016年第3期，第6页。

② 《习近平关于社会主义社会建设论述摘编》，北京：中央文献出版社，2017年版，第127–129页。

理的组织化程度，优化社会治理的组织结构和网络体系，使社会治理的目标更加统一，行动更加有序。通过发挥党的优良传统和党员的高尚品格，推动社会治理制度不断创新，社会参与更加广泛，化解矛盾的方式更加科学，最终为构建具有中国特色，得到群众广泛认同，满足现代化国家治理的社会治理共同体提供坚强的组织领导保证。

2.持续推动社会治理方式创新

在社会治理中，坚持文化价值引领，弘扬成功源于奋斗、幸福源于奉献、平凡孕育伟大的价值理念，传承勤劳勇敢、自强不息的思想观念，为构建和谐的社会秩序凝聚精神力量，形成价值共识。在调节社会关系中，提升社会个体的法治意识，加强法治宣传，推动法治文化进基层，强化法治保障，发挥司法定纷止争、惩恶扬善的作用，引领社会个体用法治思维、法治手段解决矛盾纠纷，让人民群众在治理中全方位感受到司法的正义。持续强化德治教化作用，弘扬优秀的革命家风，发挥家庭教育中的言传身教作风，用正确的价值理念和道德观念塑造青少年的心灵，引领青少年树立热爱祖国、奉献社会、服务他人的优秀品格，形成好作风、好学风。不断发挥乡规民约的作用，用“非正式”制度约束居民的行为，使社会交往更加有序、人际关系更加友善。综合运用智慧治理手段，将“区块链”等现代信息技术应用到社会治理中去，发挥其“时间戳、可追溯、不可篡改”的技术特点，解决人民群众关心的生命财产安全、食品安全等方面的问题，使治理更加科学化、规范化。

3.持续推进现代治理能力建设

作为社会治理的组织者、参与者，要适应现代治理的要求，就必须提高学习研究能力，用新知识武装头脑，用新理念分析问题，提升把握社会治理规律的能力。在学习中，不断提升治理主体的改革创新能力，面对人民群众多样化的需求，不断丰富满足群众需求的手段，解决群众关切的切身利益问题，减少社会矛盾和社会纠纷。在能力建设上，重点提高网络治理和舆论引导能力、社会情感治理的能力，掌握网络治理的主动权和话语权，善于与群众交流，做群众的思想政治工作，激发群众热爱生活、热爱社会、热爱国家的情感，矫正群众的不良心态，推广“互联网+基层社会治理创新”模式，走好“网络群众路线”。

（二）全面建设社会主义现代化国家新征程上社会治理现代化的工作目标

1.实现治理理念创新与治理效能提升的同频共振

全面建成小康社会后，人们对社会治理服务的要求更加精细化，社会参与的积极性不断提升，这就要求在治理理念和治理效能上“双向发力”，满足人民群众差异化、多样化的需求。在社会治理中要处理好治理与民生的关系，强化在源头上预防和化解矛盾，用科学的治理提升民生服务水平。在社会治理中还要处理好维稳与维权的关系。维稳的本质是维权，但维权维护的是合法权益、正当权益，不是非法利益，并不是对非法行为的一味妥协、退让，如果不依法处理相关的问题和矛盾，就必然损害政府的公信力。在社会治理中最后要处理好活力与秩序的关系。一个治理效能高的社会，既充满活力，又富有秩序，因此，在社会治理中“管得太死，一潭死水不行；管得太松，波涛汹涌也不行”①，需通过制度建设、公众力量激活实现社会有序和社会活力合理并存。

2.实现社会个体物质丰裕与精神富足的“双丰收”

提升人民群众的获得感、幸福感，除物质的必要保障外，平和乐观向上的社会心态与健康的心理是获得幸福生活的必要支撑。从“物质富裕”到“幸福生活”、从“客观世界”到“主观世界”，影响当前社会个体的社会心态的要素多且复杂，诸如，经济能力、收入水平、消费水平、社会资本等物质要素；婚姻生活、宗教信仰、受教育程度等文化生活要素；帮扶群体、同类人群、非贫困群体等群体要素；社会期望、社会评价、社会风尚等社会要素；个人公民意识、“国家—社会”中的地位等政治要素。因此，掌握影响社会群体社会心态的复杂因素，对其表现形式进行正确分类，加强基层情感治理，是持续提升社会治理水平的关键。

---

①《习近平关于总体国家安全观论述摘编》，北京：中央文献出版社，2018年版，第134页。

3. 强化社会协同与公众参与的有效衔接

在未来的社会治理中，通过鼓励党政机关、社会组织、社区居民通过民主协商积极参与到社会治理中来，动员社会力量、整合资源，发挥不同主体在社会治理中的作用，提升各类社会组织参与社会治理的效能，加强内部监管，推动社会组织依法实施各自的治理章程，提升居民的参与素质，解决好共建共治的问题，在群众自我管理、自我服务的基础上实现人人有责，做到人人尽责和人人共享，形成运行有序有效的治理共同体。

4. 强化社会情感与个人情感的有机融合

社会治理也是社会情感治理。现代社会的社会流动性增强，社会异质性增加，农村社会的“空心化”“老龄化”“分散化”的趋势没有得到根本性缓解，社会焦虑、社会怨恨等心理问题值得关注①。在全面建设社会主义现代化国家新征程上，情感支持网络需要持续更新，通过创新方式，引导社会个体通过自身努力改变现状，自觉遵守主流价值观，弘扬全人类共同价值，让更多社会个体相信通过努力劳动和艰辛付出能够创造幸福生活，并主动将社会主流价值要求与自身实际相结合构建新的生活情境，把个人追求幸福的情感转化为爱国之情、爱社之心、报国之志，为实现中华民族伟大复兴贡献力量！

① 袁凌新:《幸福与国民幸福指数》,中共福建省委党校学报,2007年第6期,第4页。

主要参考文献

[1]刘海春.共青团构建枢纽型社会组织的现实思考[J].中国青年政治学院学报,2013(3):21-24.

[2]张琼,齐源.整体性治理视域下工会枢纽型社会组织建设策略研究[J].理论导刊,2013(8):14-17.

[3]王川兰.中间层和“双面胶”:枢纽型治理视角下政社关系的创新与重构——基于上海市J区基层社会治理实践的考察[J].西北师大学报(社会科学版),2021(6):98-106.

[4]李璐.分类负责模式:社会组织管理体制的创新探索——以北京市“枢纽型”社会组织管理为例[J].北京社会科学,2012(3):47-51.

[5]陈佳俊,杨逢银.社会转型背景下枢纽型社会组织功能定位研究——以上海市静安区社会组织联合会为例[J].中共杭州市委党校学报,2014(1):40-46.

[6]丁丁.基层治理中的枢纽型社会组织发展:价值、限度与制度建构[J].吉林省社会主义学院学报,2021(2):43-49.

[7]刘益梅.社区居家养老服务模式的实现路径探讨[J].新疆师范大学学报(哲学社会科学版),2014(2):117-121.

[8]吴珏.苏南城市社区居家养老模式构建研究:以无锡市为例[D].上海:华东政法大学,2013.

[9]侯冰.城市老年人社区居家养老服务需求层次及其满足策略研究[D].上海:华东政法大学,2018.

[10]赵亚奇.完善政府主导的社区居家养老服务研究——以青岛市为例[D].青岛:青岛大学,2020.

[11]叶艳.杭州市社区居家养老现状、问题及对策研究[D].重庆:西南大学,2014.

[12]王拓.我国城市社区居家养老模式研究:以沈阳市久安社区为例[D].沈阳:辽宁大学,2013.

[13]龙圣."乡规民约与乡土社区建设论坛"综述[J].民俗研究,2014(4):156-160.

[14]张静.基层政权乡村制度诸问题[M].杭州:浙江人民出版社,2000.

[15]侯春杰.清代乡规民约对当代村规民约的影响[D].北京:中国政法大学,2007.

[16]张明新.乡规民约存在形态刍论[J].南京大学学报,2004(5):58-65.

[17]谢晖.当代中国的乡民社会、乡规民约及其遭遇[J].东岳论丛,2004(4):49-56.

[18]贺树月,李媛媛.村规民约何以有效运转?——基于制度要素-载体理论框架的分析[J].领导科学论坛,2021(12):35-41.

[19]李林.深刻理解全过程人民民主丰富内涵[N].北京日报,2021-10-25.

[20]张仲涛,赵敏.基层协商民主中公共理性的培育理路[J].学习论坛,2022(1):77-84.

[21]郎友兴.中国式的公民会议:浙江温岭民主恳谈会的过程和功能[J].公共行政评论,2009(4):48-70,203-204.

[22]张翔.城市基层治理对行政协商机制的"排斥效应"[J].公共管理学报,2017(1):49-60,156.

[23]金太军,鹿斌.社区中的政治:协商民主的逻辑与事实[J].马克思主义与现实,2019(2):185-191.

[24]张敏,韩志明.基层协商民主的扩散瓶颈分析:基于政策执行结构

的视角[J].探索,2017(3):47-59.

[25]郝海波.我国村民决策参与的制度空间与行动逻辑:基于华北地区20个村的实证调研[J].社会科学研究,2013(4):131-139.

[26]徐敏宁,陈安国,冯治.走出利益博弈误区的基层协商民主[J].中共中央党校学报,2013(4):46-50.

[27]吴晓林,邓聪慧,张翔.重合利益中的工具性:城市基层协商民主的导向研究[J].学海,2016(2):86-93.

[28]崔洁,张博颖.基层协商民主有序运转的逻辑[J].天津行政学院学报,2019(4):12-18.

[29]付建军.作为治理创新的基层协商民主:存量、调适与内核[J].社会主义研究,2020(6):126-133.

[30]韩福国,张开平.社会治理的"协商"领域与"民主"机制——当下中国基层协商民主的制度特征、实践结构和理论批判[J].浙江社会科学,2015(10):48-61.

[31]季丽新.中国特色农村民主协商治理机制创新的典型案例分析[J].中国行政管理,2016(11):51-57.

[32]狄金华.被困的治理:河镇的复合治理与农户策略(1980—2009)[M].北京:生活·读书·新知三联书店,2015.

[33]李祖佩."新代理人":项目进村中的村治主体研究[J].社会,2016(3):167-191.

[34]卢福营.村民自治与阶层博弈[J].华中师范大学学报(人文社会科学版),2006(4):46-50.

[35]徐慧清.去他者化:农村村干部的身份追求[J].社会主义研究,2006(3):93-94.